张 力◎主编

教育改革
新论

上

华东师范大学出版社

·上海·

图书在版编目（ＣＩＰ）数据

教育改革新论 / 张力主编 . -- 上海 : 华东师范大学出版社 , 2023
ISBN 978-7-5760-3638-1

Ⅰ . ①教… Ⅱ . ①张… Ⅲ . ①教育改革－研究－中国 Ⅳ . ① G521

中国国家版本馆 CIP 数据核字 (2023) 第 027019 号

教育改革新论

主　　编　张　力
责任编辑　王海玲　朱华华
责任校对　庄　玲　时东明
装帧设计　卢晓红

出版发行　华东师范大学出版社
社　　址　海市中山北路 3663 号　邮编　200062
网　　址　www.ecnupress.com.cn
电　　话　021—60821666　行政传真　021—62572105
客服电话　021—62865537　门市（邮购）电话　021—62869887
地　　址　上海市中山北路 3663 号华东师范大学校内先锋路口
网　　店　http: // hdsdcbs.tmall.com

印 刷 者　上海中华商务联合印刷有限公司
开　　本　890 毫米 × 1240 毫米　1/32
印　　张　16.75
字　　数　399 千字
版　　次　2023 年 3 月第 1 版
印　　次　2023 年 3 月第 1 次
书　　号　ISBN 978-7-5760-3638-1
定　　价　98.00 元（上下册）

出 版 人　王　焰

目 录

上

下

绪　论

中华民族是世界上古老而伟大的民族，创造了绵延5000多年的灿烂文明，为人类文明进步做出了不可磨灭的贡献。公元前6000—前3000年，半坡文化、仰韶文化、河姆渡文化等出现简单符号，公元前2800—前2500年，大汶口文化等出现有关联的象形和抽象符号，应是中国文字源头，间接启发了商代甲骨文及金文。公元前1100年前后，出现学校雏形，源远流长的教育精华，深深融入中华优秀传统文化。中华文明之所以成为世界上唯一没有中断、发展至今的文明，在很大程度上，是因为创新已成为最深沉的中华民族禀赋，特别是教育作为文明脉络代代相传的关键链环，尽管遭遇无数曲折，于风雨如磐之中，总能从革新中获取奋进动力，越过艰难险阻，到达胜利彼岸。

人类社会历史表明，世界上没有适用于一切国家的发展道路和振兴模式。"一切成功发展振兴的民族，都是找到了适合自己实际的道路的民族。"[①]中国共产党领导人民教育事业奋斗百年，在逆境中开拓进取，在挫折中总结教训，在前进中锐意创新，为实现中华民族伟大复兴一步步奠基。在新民主主义革命时期，教育为提高人民军队战斗力、动员组织工农大众，实现民族独立和人民解放发挥了重要作用。在新中国成立后的社会主义革命和建设时期，教育制度体系不断完善，为

---

① 习近平. 在纪念孙中山先生诞辰150周年大会上的讲话［N］. 新华社，2016-11-11.

人口众多、一穷二白的东方大国大步迈进社会主义社会创造了重要条件。在改革开放和社会主义现代化建设时期，中国特色社会主义教育发展道路的开辟，为加快社会主义现代化建设提供了有力支持。中国特色社会主义进入新时代以来，教育取得的历史性新成就，为如期全面建成小康社会和开启实现第二个百年奋斗目标新征程做出了重要贡献。

新中国成立 70 多年来，人民教育事业取得了举世瞩目的辉煌业绩，教育普及水平有了翻天覆地的巨大变化，我国已经建成世界最大规模的教育体系，全方位服务于经济社会可持续发展，促进人的全面发展。[①]（见表1）2021年，全国城乡全面普及九年义务教育，巩固率为95.4%，[②]学前教育毛入园率和高中阶段教育毛入学率分别为88.1%、91.4%，高等教育毛入学率达到57.8%，[③]不仅比"十三五"期末2020年的数据有新的提高，而且部分数据已经接近"十四五"期末2025年的预计值，[④]我国教育普及水平稳居同期全球中上收入国家行列。教育优先发展战略地位进一步有效落实，国家财政性教育经费投入占国内生产总值比例连续十年不低于4%，2020年达到4.29万亿元的历史新

---

① 张力. 新中国70年教育事业的辉煌历程［N］. 中国教育报，2019-09-14（001）.

② 九年义务教育巩固率，指初中毕业班学生数占该年级入小学一年级时学生数的百分比。

③ 教育部发展规划司. 2021年全国教育事业统计主要结果［EB/OL］.（2022-03-01）［2022-03-25］. http://www.gov.cn/shuju/2022-03/01/content_5676225.htm. 各项统计数据均未包括香港、澳门特别行政区和台湾地区的数据。部分数据因四舍五入的原因，存在与分项合计不等的情况。

④ 中华人民共和国国民经济和社会发展第十四个五年规划和2035年远景目标纲要（2021年3月11日第十三届全国人民代表大会第四次会议通过）［N］. 新华社，2021-03-12. 按照"十四五"规划，到2025年，学前教育毛入园率提高到90%以上，高中阶段教育毛入学率提高到92%以上，高等教育毛入学率提高到60%。

高，^①教育已经成为财政一般性公共预算的第一大支出。近十年来，一批重大教育工程得以顺利实施，极大改善了学校办学条件，义务教育教师平均工资收入水平不低于当地公务员平均工资收入水平基本实现；^②为经济社会发展主战场输送了60多万名博士和650多万名硕士，在新增科学院工程院院士和国家科技三大奖第一完成人中，我国自主培养的博士均占2/3左右。^③

根据2020年第七次全国人口普查数据，全国具有大学文化程度的人口2.18亿，占总人口的15.5%。从平均受教育年限来看，15岁及以上人口为9.91年，^④16—59岁劳动年龄人口为10.75年，^⑤新增劳动力为13.8年（如按高中阶段12年计，则接近高等教育阶段的二年级水平）。^⑥与以往几个五年规划期末数据相比对，"十一五"至"十三五"期间十年提高一年左右，充分显示出我国教育发展和人力资源开发的

① 教育部 国家统计局 财政部 关于2020年全国教育经费执行情况统计公告（教财〔2021〕6号）[EB/OL].（2021-11-16）[2021-12-01]. http://www.gov.cn/zhengce/zhengceku/2021-12/01/content_5655192.htm. 2020年全国教育经费总投入为53033.87亿元，其中，国家财政性教育经费（主要包括一般公共预算安排的教育经费、政府性基金预算安排的教育经费、国有及国有控股企业办学中的企业拨款、校办产业和社会服务收入用于教育的经费等）为42908.15亿元，占同年国内生产总值的比例为4.22%。
② 怀进鹏. 胸怀国之大者 建设教育强国 推动教育事业发生格局性变化 [N]. 学习时报，2022-05-06（01）.
③ 吴月. 向研究生教育强国稳步迈进 [N]. 人民日报，2022-06-15（012）.
④ 国家统计局，国务院第七次全国人口普查领导小组办公室. 第七次全国人口普查公报（第六号）——人口受教育情况 [R/OL].（2021-05-11）[2021-06-20]. http://www.stats.gov.cn/tjsj/zxfb/202105/t20210510_1817182.html.
⑤ 国务院第七次全国人口普查领导小组办公室负责人接受中新社专访 [EB/OL].（2021-05-13）[2021-07-11]. http://www.stats.gov.cn/tjsj/zxfb/202105/t20210513_1817432.html.
⑥ 教育部. 2020年全国教育事业发展统计公报 [EB/OL].（2021-08-27）[2021-12-01]. http://www.moe.gov.cn/jyb_sjzl/sjzl_fztjgb/202108/t20210827_555004.html.

表1　新中国成立以来各级教育入学（园）率概况（%）

年　份		1949	1980	1990	2000	2010	2020	2021	预计** 2025
3—5岁人口 学前教育毛入园率		0.4*	～11	32.6	46.1	56.6	85.2	88.1	＞90
6—11岁 人口	小学 净入学率	20	～94	97.8	99.1	99.7	99.96		
	小学 毛入学率			111.0	104.6	104.6	102.9		
12—14岁人口 初中毛入学率		3.1	～66	66.7	88.6	100.1	102.5		
15—17岁人口 高中阶段毛入学率		1.1	～35	26.0	42.8	82.5	91.2	91.4	＞92
18—22岁人口 高等教育毛入学率		0.26	～2.7	3.4	12.5	26.5	54.4	57.8	60

数据来源：教育部发展规划司. 中国教育统计年鉴［M］. 北京：中国统计出版社，2021. 教育部. 2019年全国教育事业发展统计公报［R/OL］. 教育部网站，2020-05-20。表中数据未包括有关年份的教育统计年鉴。

注：（1）毛入学率，指某一级教育（低龄或超龄）学生，毛入学率可能会超过100%。（2）小学净入学率，指小学学龄人口和学期初分别计算。按各地不同入学年龄和学龄组人口数占总数占该级教育学龄人口数的百分比。主于包含非正规年龄组人口数的百分比。《中华人民共和国义务教育法》第十一条规定："凡年满六周岁的儿童，其父母或者其他法定监护人应当送其入学接受并完成义务教育；条件不具备的地区的儿童，可以推迟到七周岁。"学龄人口基本为6—11岁人口数量。（3）学前教育毛入园率系1950年数据。（4）**引自《中华人民共和国国民经济和社会发展第十四个五年规划和2035年远景目标纲要》。

潜力正在逐步稳定发挥，努力使绝大多数城乡新增劳动力接受高中阶段教育、更多接受高等教育，为国民经济和社会发展的各行各业建设准备了规模宏大的后备军。（见表2）当前，中国特色社会主义教育制度体系的主体框架基本确立，成为全面建成小康社会的一组坚固基石，为开启全面建设社会主义现代化国家新征程，迈向第二个百年奋斗目标，直至实现中华民族伟大复兴，打下了坚实的人力资源基础。

表2　"十五"规划至"十四五"规划期末的人口受教育程度变化

（单位：年）

各个五年规划期末平均受教育年限	"十五"期末 2005年	"十一五"期末 2010年	"十二五"期末 2015年	"十三五"期末 2020年	预计 "十四五"期末 2025年
新增劳动力	10.9	12.7	13.3	13.8	
16—59岁劳动年龄人口（2020年9亿人）		9.67	10.23	10.75	11.3
15岁及以上人口（2020年11.58亿人）	8.5	9.08		9.91	

数据来源：第六次、第七次全国人口普查数据以及有关年份的教育统计公报。

改革开放40多年以来，特别是党的十八大以来，教育改革在中国特色社会主义教育发展道路上持续深入推进，为坚持和巩固中国特色社会主义教育制度体系、使教育事业更好服务社会主义现代化建设、促进人的全面发展不断增添强劲的动力。我国教育事业的综合实力显著增强，既是深化改革开放、不断开拓创新的成果，也为今后全面深化教育领域综合改革创造了有利条件。

　　站在新时代新征程上，党的十九大报告擘画"两个一百年"奋斗目标的新蓝图，明确指出，在2020年全面建成小康社会、实现第一个百年奋斗目标的基础上，确定新的"两步走"战略，到2035年基本实现社会主义现代化，到本世纪中叶建成富强民主文明和谐美丽的社会主义现代化强国，向全党全国各族人民发出了向第二个百年奋斗目标进军的动员令。"民惟邦本，本固邦宁。"民生是人民幸福之基、社会和谐之本，增进人民福祉、促进人的全面发展是中国共产党立党为公、执政为民的本质要求。以习近平同志为核心的党中央确定的新时代民生保障领域的总体部署，重点集中在四个方面：一是坚持和完善统筹城乡的民生保障制度，核心目的是满足人民日益增长的美好生活需要；二是基于"幼有所育、学有所教、劳有所得、病有所医、老有所养、住有所居、弱有所扶"方向，健全基本公共服务制度体系，2035年实现基本公共服务均等化；三是注重加强普惠性、基础性、兜底性民生建设，全力保障群众基本生活，扎实推动共同富裕，在社会主义初级阶段尽力而为、量力而行；[①]四是创新公共服务提供方式，鼓励支持社会力量兴办公益事业，满足人民群众多层次多样化需求。[②]以上是准确把握新时代我国教育发展趋势和改革全局的重要依据。

　　新时代新形势，改革开放和社会主义现代化建设、促进人的全面发展和社会全面进步对教育和学习提出了新的更高的要求。以习近平同志为核心的党中央在统筹推进"五位一体"总体布局、协调推进

---

① 中共中央文献研究室. 习近平关于社会主义社会建设论述摘编［M］. 北京：中央文献出版社，2017：5.

② 中共中央关于制定国民经济和社会发展第十三个五年规划的建议（2015年10月29日中国共产党第十八届中央委员会第五次全体会议通过）［N］. 新华社，2015-11-03.

"四个全面"战略布局的进程中，不断推出事关教育改革发展全局的新战略新举措。党的十九大报告强调，建设教育强国是中华民族伟大复兴的基础工程，必须把教育事业放在优先位置，深化教育改革，加快教育现代化，办好人民满意的教育，吹响了新时代中国特色社会主义教育现代化的号角。为此，习近平总书记在2018年全国教育大会上深刻指出，教育是民族振兴、社会进步的重要基石，是功在当代、利在千秋的德政工程，对提高人民综合素质、促进人的全面发展、增强中华民族创新创造活力、实现中华民族伟大复兴具有决定性意义。教育是国之大计、党之大计。习近平总书记系统总结了党和人民教育事业的历史经验和时代使命，全面分析了中国特色社会主义教育制度体系建设的根本性、全局性、战略性的重大问题，深刻阐释了中国教育改革发展的探索实践中所形成的新理念、新思想、新观点，对于准确把握深化教育领域综合改革的大方向，具有非常重要的指导意义。

从党的十八届三中全会做出"深化教育领域综合改革"的系列重大部署开始，到党的十八大、十九大以来的历届中央全会文件，再到党和国家近年来出台的一系列指导性文件，涵盖教育领域的各个层次各个阶段，为全面深化教育领域综合改革指明了前进方向，重点是立足社会主义初级阶段基本国情和现代化建设进程，围绕社会主要矛盾新的变化和促进人的全面发展的多样化需求，紧密对标国家、区域、人的现代化，全面贯彻党的教育方针，坚持立德树人导向，创新人才培养模式，聚焦教育服务机制和治理体系改革，建设终身学习体系与学习型社会，教育领域综合改革必须与经济、政治、社会、文化、生态文明等领域改革形成合力、协同行动。

为了概要总结党的十八大以来教育改革的实践成效，探讨全面深化教育领域综合改革新的思路与策略，为国家和地区教育改革决策以及学校改革实践提供参考，由国家教育咨询委员会秘书长、教育部原教育发展研究中心主任张力牵头，会同宏观教育研究领域的专家学者，承担了国家社会科学基金马克思主义理论研究和建设工程重大项目"深化教育领域综合改革研究"，全国哲学社会科学规划办公室2015年10月批准立项（2015MZD055号），项目组调研的基本情况请参见附录。

在调研过程中，总项目组坚持以习近平新时代中国特色社会主义思想为指导，基于深化教育领域综合改革的宏观目标，针对深化教育领域综合改革的关键问题，开展了比较扎实的调研活动，深入研究、探索、破解热点难点问题的思路和举措，分析深化教育领域综合改革的动力机制、影响因素及同其他领域改革的相互关系。总项目组始终注重教育改革同其他领域改革的相互衔接，注重教育系统内部各项改革的相互关联，注重各级各类教育的相互关联及教育各要素的相互影响，注重中央和地方改革步调的配套，注重各部门之间政策措施的协调，对教育领域综合改革若干重大问题进行了细致分析，提出了相应的对策建议。最终项目成果采取政策导向和问题导向相结合的板块结构，在教育系统层次类型框架中，对具有一定共性的改革问题进行纵横贯通的分析。这应是一种创新性尝试。项目综合报告于2018年6月报审，2020年4月经全国哲学社会科学规划办公室审核准予结项。本书上册六章体现了本项目主要研究成果。

考虑到近年来，特别是党的十九大以来的宏观层面教育改革处于动态发展之中，教育系统和社会各界出现了许多值得关注和研究的新问题，党和国家不断发布新的重要教育决策文件，发挥着非常重要的导向作用，研究成果也必须充实相关内容，在本书出版前，总项目组对结项报告各个章节内容、所引数据和参考文献资料等做了整体更新，重新编排了结构。

第一章重点对党的十八大以来的教育改革新进展进行概要梳理。在分析我国教育改革发展的新特征和新态势、研判世界教育改革发展变化趋势的基础上，从党和国家关于教育现代化的战略决策和总体部署出发，试图全方位、多视角地概述新时代教育领域综合改革的基本面，主要体现在：人才培养体制改革取得新进展，考试招生制度改革实现重大突破，教育管理体制改革向纵深推进，办学体制改革注入新的活力，教育对外交流合作不断拓展。近年来，许多地区深入贯彻落实党和国家关于深化教育改革的新部署新要求，坚持因地制宜、试点先行，小步子不停步，勇于攻坚克难，不断涌现出一大批基层改革创新的经验做法，探索破解一些长期制约教育事业发展的体制机制障碍。从总体上看，当前中国特色社会主义教育制度体系的主体框架基本确立，教育面貌正在发生格局性变化，以提高质量和促进公平为基本价值取向的改革取得实质性进展，许多教育领域的创新举措持续发挥作用，逐步形成长效机制。但是，从人民群众对美好生活的向往及社会主义现代化建设多样化教育需求出发，教育体制机制不完善问题依然突出，深化教育领域综合改革依然任重道远。

第二章重点探讨以立德树人为导向的创新人才培养模式问题。主要从三个关键环节入手：一是明确立德树人根本任务的基本定位。以习近平新时代中国特色社会主义思想为指导，阐释立德树人的基本理念和重要意义，回顾落实立德树人根本任务相关政策文件要求，围绕创新人才培养模式的重点领域和关键环节，重点是在坚定中国特色社会主义道路自信、理论自信、制度自信、文化自信的前提下，通过组织规则的制度化建设实现"面对全体学生"，通过组织结构设计，健全学校家庭社会协同育人机制，促进"全员育人"，通过把思想政治教育和道德教育融入课程教学，加强"全程育人"，围绕思想序列、行政序列和学术序列三个序列，加强"全方位育人"，以阶梯发展为途径，设置制度性评价激励体系，并促进学校系统内外相结合形成协同育人新机制，通过系统的方案选择，增强政策落实效果，扩大媒体引导的覆盖面，以增强思想政治教育和道德教育的感召力影响力。二是强化考试招生育人导向的制度创新。重点探讨新高考改革对优化教育结构体系的整体联动效应，立足于考试过程诚信为本、成绩评定德才兼备、升学选择志存高远、高校招生多元共美等多方位，分析高考改革对高中教育的深刻影响和对考试机构能力建设的迫切要求，认为高考改革已经开始推动高校改革，并在调试中逐渐走向有序，必将逐渐影响人民群众的学习心态，为构建全民终身学习的学习型社会准备基础条件。三是探索新型工业化背景下人才需求结构与培养模式改革。对新型工业化背景下行业企业人才需求结构的特点进行深入研究，当前我国人才培养模式与新型工业化需求之间存在一系列问题，例如体系不完善，对接不紧密，办学要素水平不高，教学内容陈旧，教师专业实践经验不足，企业主体地位没有落实，校企合作不够深入等。根据新时代党和国家关于职业教育领域改革发展的法律政策导向，借鉴国际组织对职业教育的基本定位和部分发达国家的改革经验，探索提出适应我国新型工业化需要的人才培养模式改革的相应策略设想。

第三章重点探讨旨在促进多方位公平的教育服务机制改革问题。关注两个重点：一是研究公共教育服务分类和机制改革问题。从加快推进基本公共教育服务均等化、努力实现公共教育服务多元供给两个维度出发，在分析城乡、区域、校际、群体教育差距的基础上，就义务教育学校标准化建设、城乡义务教育一体化发展、保障流动人口子女入学、对弱势群体精准化帮扶、推动特殊群体个性化教育等方面提出建议。同时，围绕非基本公共教育服务主要问题提出建议：积极稳妥推进民办学校分类管理制度，扩大社会力量参与办学渠道，深化公办院校办学体制改革，构建各类教育紧密融合的终身学习体系，充分实现各种教育资源共建共享等。二是紧扣城乡学校布局和教育服务机制改革重点。针对城镇化步伐加快背景下的新形势新问题，展望未来我国农村教育规模及结构的发展趋势，提出城镇化进程中的学校布局和整体建设的思路，重点是加强农村地区幼儿园中小学布局规划，以县镇为重点加强高中阶段学校布局规划，加强薄弱地区中心小学和乡镇初中学校建设、"国门学校"建设、海岛和深山地区"袖珍学校"建设，保障农民进城务工随迁子女平等受教育权利，提高寄宿制中小学建设标准和水平。

第四章重点探讨构建政府、学校、社会新型关系的教育体制改革问题。集中在两个方面：一是研究教育治理体系存在的突出问题与对策建议，在法治国家、法治政府、法治社会一体建设的宏观环境中，经济领域、行政领域、社会领域的治理改革，对推进管办评分离，正确处理政府、学校、社会之间的关系起着显著促进作用。当前教育治理体系创新的重点是，明确财权事权划分，形成各类主体共同参与教育治理的新格局，深化管理机构改革，通过"放管服"改革，全面提高政府教育部门的组织效能和履职能力，建立健全教育督导评估机制，综合运用现代化管理及技术成果，推动教育治理方式和手段的变革与创新。二是研究学校依法自主办学的法律制度保障问题。通过改革，政府、学校与社会各界共同参与教育治理，共识度进一步提高。政府深化教育行政审批制度改革，在取消及下放行政审批权的同时，有序推进编制行政权力清单和责任清单工作，落实学校人、事、财权，激发学校自主办学的活力。但是，改革也面临许多挑战与问题，需要深入分析和找到破解之策。未来需要加强教育治理理念价值引领，而进一步改革的路径则在于：完善学校自主办学的内部治理机制，建立与完善基于学校章程的学校多元治理机制，建立与完善多元参与的学校事务监督、评价与问责制度，建立与完善学校法律顾问制度与法律救济制度，支持与保障学校依法自主办学权益。

第五章重点探讨面向全民终身学习需求的教育制度创新问题。选取国际国内的宏观视角：一是概要归纳了国际社会关于终身学习和学习型社会的理论与实践。聚焦半个多世纪以来各国制定终身学习的法规政策，认可认证非正规和无一定形式学习成果，运用和创新现代学习技术，建设学习型城市和学习型社区等问题，深入分析国际组织和有关国家推进终身学习制度建设和体制创新的发展趋势。二是研究立足国际国内两个大局加快建设学习型社会的方略。基于国内视角，根据《中国教育现代化2035》关于构建终身学习体系和学习型社会的战略目标，阐释深化教育领域综合改革在推动终身学习体系和学习型社会建设中的重要作用，为"构建方式更加灵活、资源更加丰富、学习更加便捷的终身学习体系"提出建议，重点是建立以"大学联盟""学分银行"为纽带之一的终身学习立交桥，推进阶梯型提升体系和老年大学体系的完善，建立终身学习资源平台和保障体系，打造中国特色在线学习与课程资源体系。基于国际视角，从建立培养具有全球视野人才的终身学习制度、增强教育服务国家对外开放战略能力的角度，探讨积极推进国际学分与学历互认体系建设，持续推进全球范围产教深度融合，建立接轨国际标准的终身学习质量评估制度等问题。

第六章重点聚焦全面深化教育领域综合改革的初步思考。党的十八大以来，以习近平同志为核心的党中央坚持把开拓创新精神融入全面深化改革和治国理政各个方面，在诸多领域实现了整体性、重塑性、重构性、转折性的制度创新和体制改革，教育领域综合改革也迈上新的台阶。习近平总书记关于全面深化教育领域综合改革，增强教育改革的系统性、整体性、协同性的重要论述，党和国家出台实施的关于教育改革发展的系列重要政策举措，为今后相当一个时期教育领域综合改革指明了前进方向，提供了根本遵循。在实现第二个百年奋斗目标的新时代新征程上，立足于我国社会主义初级阶段基本国情，立足于从现在到2035年加快推进教育现代化、建设教育强国，特别是按照"十四五"时期建设高质量教育体系的总体要求，必须继续深化教育领域综合改革。这是推进教育治理体系和治理能力现代化的必然要求，需要顶层设计和基层创新更好地结合，健全政府、学校、社会之间的新型关系，重视依托区域教育规划落实机制。围绕创新公共教育服务提供方式，在全面深化教育领域管办评分离改革、全方位提升公共教育服务供给能力、多措并举提高公共教育资源配置效率等方面，都需要对标教育系统和社会各界的现实关切，从而以教育治理现代化支持教育现代化，以教育现代化支撑国家现代化。为此，在展望2035年我国总体实现教育现代化和建成教育强国的宏伟前景的基础上，从全面深化教育领域综合改革的宏观角度进行多层次研判，并探索提出一些初步的对策建议。

在此，需要说明的是，研判我国全面深化教育领域综合改革的理论探索和实践动态，还需要从更宽的视野来分析。参考联合国教科文组织、经济合作与发展组织和世界银行等国际组织的政策分析报告或专题工作报告的体例，总项目组选取组内首席专家从立项至今公开发表在报纸杂志上的24篇文章，整理编入本书下册，试图突出对结项前后教育改革发展变化及时回应的鲜明特色，均与本书上册内容相关。编者精简了原文参考文献注释及有关图表，订正了所引文献日期和有误数据，还对个别表述加以改动，希望能够为党政部门、教育系统、社会各界的同志们和朋友们提供多方位的参考。

展望2035年我国基本实现社会主义现代化、总体实现教育现代化的远景目标，党的十九届五中全会确定"十四五"时期经济社会发展主要目标，定位于人民思想道德素质、科学文化素质和身心健康素质明显提高，全民受教育程度不断提升，必须建设高质量教育体系，为实现2035年建成教育强国的远景目标创设更为有利的基础条件，从而为坚持以人民为中心发展教育、办好人民满意的教育指明了重点方向。从现在到2035年，党和国家教育决策顶层设计和基层探索实践将紧密结合，用三个五年规划滚动推进，为第二个15年接续攻坚克难、在本世纪中叶实现第二个百年奋斗目标做好充分准备。2022年召开的中国共产党第二十次全国代表大会，对党和人民教育事业进行新的重大战略决策和总体部署。党的二十大报告首次提出，教育、科技、人才是全面建设社会主义现代化国家的基础性、战略性支撑。在加快建设教育强国、科技强国、人才强国的进程中，以"办好人民满意的教育"为主旨，对"深化教育领域综合改革"提出新的更高要求，重点在加强教材建设和管理，完善学校管理和教育评价体系，健全学校、家庭、社会育人机制等环节取得突破性进展。新时代人民日益增长的美好生活向往和需要将一步步地变为现实，全民终身学习的学习型社会、学习型大国建设正在成为全党全国人民迈向第二个百年奋斗目标的基础工程。相应地，未来相当一个时期全面深化教育领域综合改革，也必将遵循以上战略目标和政策导向，不断向前推进。

第一章 党的十八大以来我国教育改革基本面分析

深化教育改革是推进社会主义教育现代化的基础与保障。改革开放以来，特别是党的十八大以来，我国人才培养体制、考试招生制度、现代学校制度、办学体制、管理体制、教育对外开放等多方面的改革，通过试点先行和逐步全面推进，消除了一些制约教育事业科学发展的体制性、制度性障碍，重要领域的创新举措开始发挥作用，社会和人民群众关切的重大、热点和难点问题开始得以破解，教育事业在综合改革的推动下取得新的显著成就，为基本确立中国特色社会主义教育制度体系的主体框架提供了重要支撑。

第一节 ｜ 新时代教育领域综合改革的形势和主要成效

一、我国教育改革发展的新特征和新态势

党的十八大以来，以习近平同志为核心的党中央围绕实现"两个一百年"奋斗目标和中华民族伟大复兴的中国梦，着眼统筹推进"五位一体"总体布局和协调推进"四个全面"战略布局，坚持把教育摆在优先发展战略地位，把人民群众对更好教育的期盼作为奋斗目标，准确把握新时代教育发展的新特征和新趋势，提出了中国特色社会主义教育的新思想新战略新任务，从国家战略高度对教育工作做出一系列重大战略部署，为教育领域综合改革提供了行动指南。

1．教育改革发展更好地体现了中国特色

首先，中国特色，"特"在党对教育改革和发展的领导上。"党政军民学，东西南北中，党是领导一切的。"在庆祝改革开放40周年大会上的讲话中习近平总书记总结改革开放40年"九个必须坚持"的重要经验，将"必须坚持党对一切工作的领导，不断加强和改善党的领导"摆在首位；习近平总书记在2018年全国教育大会上强调教育改革发展的新理念新思想新观点时，将"坚持党对教育事业的全面领导"作为"九个必须坚持"的第一条；党的十九届六中全会决议在总结中国共产党百年奋斗的历史经验时，把"坚持党的领导"摆在首位。党的领导是办好社会主义教育的根本保证。全面贯彻党的教育方针，首要任务是全面加强党对教育工作的领导，坚守为党育人、为国育才，努力办好人民满意的教育。当前，从中央到地方成立党的教育工作领导小组，高校党委领导下的校长负责制、中小学校党组织领导的校长负责制日益健全，各级各类学校和教育机构党的基层组织建设不断加强，为加强思想政治工作、落实立德树人根本任务提供了坚强保证。

其次，中国特色，"特"在对中华优秀传统文化的继承和发扬上。党领导人民艰苦奋斗，终于探索走出符合基本国情的中国特色社会主义道路，秘诀就在于坚持把马克思主义基本原理同中国具体实际相结合、同中华优秀传统文化相结合。中国特色社会主义进入新时代，要坚定不移地用社会主义先进文化、革命文化、中华优秀传统文化培根铸魂，更加凸显中华优秀传统文化教育的地位，这是全面实施和持续发展素质教育、引导青少年学生增强民族文化自信和价值观自信的重要基础。到2020年，全国建成1500多所中华优秀传统文化传承学校和

106个传承基地。[①]

再次，中国特色，"特"在理想信念和价值观教育上。理想信念和价值观教育是强基固本的基础工程，社会主义核心价值观是当代中国精神的集中体现，凝结着全体人民共同的价值追求，要着力构建以社会主义核心价值观为引领的大中小幼一体化德育体系，强化教育引导、实践养成、制度保障，更加深入开展理想信念教育，"扣好人生的第一粒扣子"，增强学生对中国特色社会主义道路、理论、制度、文化的自信，在加快推进教育现代化的新征程中，培养德智体美劳全面发展的社会主义建设者和接班人，培养担当民族复兴大任的时代新人。

2．教育战略重点锁定高质量发展

教育战略重点从数量增长向质量提升的转移，对教育领域综合改革提出了新要求新任务。落实立德树人根本任务，需要推进国家教育标准体系建设，以标准建设和标准提高促进教育发展和质量提高。要求研究制定从学前教育到高等教育各学段人才培养质量标准，完善学校办学条件标准；要求以促进学生全面发展为核心，建立科学多元的教育质量评价制度和贯通大中小幼的教育质量监测评估制度，切实扭转以分数评价学生、以升学率评价学校的倾向；要求更加注重学生德智体美劳全面协调发展会和健康成长，进一步加强和改进体育，改变美育薄弱局面，深入开展劳动教育，加强心理健康教育和国防教育，全面提升学生核心素养；要求把加强教师队伍建设作为教育事业发展和教育质量提升最重要的基础工作来抓。

[①] 发展公平而有质量的教育——党的十八届三中全会以来教育领域综合改革综述［N］. 新华社，2020-11-10. 参见http://www.gov.cn/xinwen/2020-11/10/content_5560330.htm。

"十四五"时期是"两个一百年"历史交汇点上开局起步的第一个五年，党中央做出把握新发展阶段、贯彻新发展理念、构建新发展格局、实现高质量发展的专题部署，将"建设高质量教育体系"作为未来五年及相当长一个时期的战略重点。"十三五"时期末，各级各类教育发展取得新的显著成就，新增劳动力平均受教育程度的进一步增长点已经上移到高中阶段及以后的教育阶段，特别是经过中央和地方的不懈努力，2022年全国31个省、自治区、直辖市和新疆生产建设兵团的2895个县实现了县域义务教育基本均衡发展，这是继全面普及义务教育后的又一重要里程碑，标志着我国人力资源开发的基础日益坚实。① 全国1.12万所职业学校的在校生超过3000万人，成为世界规模最大的职业教育体系。② 进入"普及化"发展阶段的高等教育，在育人方式、办学模式、管理体制、保障机制等方面不断创新，为建设世界重要人才中心和创新高地提供了有力支撑。③ 这些重要成就为"十四五"时期，乃至更长时期建设高质量教育体系、实现高质量发展，打下了更为可靠的基础。

3. 更加重视治理体系与治理能力现代化

教育治理体系和治理能力现代化是深化教育综合改革的重要支撑，也是教育事业持续健康发展的根本保障。建立教育基础性制度体系，形成充满活力、富有效率、更加开放、有利于科学发展的教育体制机制，完善政府依法宏观管理、学校依法自主办学、社会有序参与、各

---

① 教育部新闻办公室. 全国县域义务教育基本均衡发展国家督导评估认定收官 [EB/OL]. (2022-05-05) [2022-05-17]. http://www.moe.gov.cn/jyb_xwfb/gzdt_gzdt/s5987/202205/t20220505_624731.html.

② 丁雅诵. 让职业教育成就更多精彩人生 [N]. 人民日报, 2022-05-17 (010).

③ 闫伊乔. 我国接受高等教育人口达2.4亿 [N]. 人民日报, 2022-05-21 (001).

方合力推进的格局，为发展具有中国特色、世界水平的现代教育提供制度支撑，是党的十八大以来教育改革的一项重要目标。通过变革教育治理方式，构建政府、学校、社会新型关系，形成政府、学校、社会依法共同参与教育治理的制度保障。在推进教育治理体系和治理能力现代化进程中，党和国家高度重视法治的保障和规范作用，不断健全中国特色社会主义教育法律体系。

改革开放以来，特别是党的十八大以来，以《中华人民共和国教育法》和《中华人民共和国教师法》为基础，从义务教育、职业教育到高等教育，从未成年人保护、家庭教育、民办教育到中外合作办学的国家层面，教育法律法规系列逐渐成形，并且与时俱进地进行多次修订，地方教育法规体系也在配套完善。各级党委政府、学校系统、社会各界关于依法治教、依法办学、依法治校逐渐凝聚起更广泛的共识，越来越多的地方能够坚持改革发展于法有据，注重运用法治思维和法治方式推进改革，提升教育法治化水平，在以教育治理现代化支持教育现代化、以教育现代化支撑国家现代化方面，不断开辟新的局面。

4. 更加注重回应人民群众的教育关切

党的十八大以来，党和国家始终坚持以人民为中心推动教育改革发展，以办好人民满意的教育为出发点和落脚点，围绕人民群众反映强烈的突出问题、事关人民群众切身利益的重点难点问题，集中攻坚、综合改革、重点突破，促进教育公平取得实质性进展。党领导人民打赢人类历史上规模最大、力度最强的脱贫攻坚战，提前10年实现联合国2030年可持续发展议程减贫目标，历史性地解决了绝对贫困问题，创造了人类减贫史上的奇迹。2020年年底，20多万建档立卡脱贫家庭辍学学生数量实现动态清零，国家脱贫攻坚计划中的义务教育有保障如期全面实现，不让贫困家庭学生输在起跑线上。覆盖从学前到研究生各个教育阶段的学生资助政策体系更加完善，2012—2020年，学生资助金额累计15126.02亿元，资助学生累计8.33亿人次。[①]截至2021年年底，全国共有28个省份实施营养改善计划，覆盖农村义务教育学校12.38万所，[②]每年惠及4000多万学生，学生营养健康状况明显改善，身体素质明显提升。当前，我国新增劳动力的53.5%接受过高等教育。现代制造业、战略性新兴产业和现代服务业新增从业人员有70%以上来自职业院校，[③]而职业院校70%以上的学生来自农村，许多家庭通过职业教育实现了拥有第一代大学生的梦想，斩断了贫困代际传递的根子[④]。考试招生制度改革积极稳妥推进，社区教育、老年教育、在线学习有了长足进展，终身学习立交桥开始搭建。

中小学生作业负担过重和校外培训乱象，是多年来的社会热点问题之一，直接影响了学生健康成长。习近平总书记多次对解决这一问题做出重要指示，[⑤]从2018年国务院办公厅《关于规范校外培训机构发展的意见》、2020年党的十九届五中全会文件、2021年的国民经济和社会发展"十四五"规划和2035年远景目标纲要，到2021年中共中央办公厅、国务院办公厅发布的《关于进一步减轻义务教育阶段学生作

① 赵婀娜，丁雅诵.教育公平迈出更大步伐［N］.人民日报，2022-05-05（001）.
② 丁雅诵.推进教育公平　共享优质教育［N］.人民日报，2022-05-05（006）.
③ 怀进鹏.胸怀国之大者　建设教育强国　推动教育事业发生格局性变化［N］.学习时报，2022-05-06（01）.
④ 赵婀娜，张烁，丁雅诵.成就"技能改变人生"的精彩故事——我国职业教育为高质量发展提供人力资源支撑［N］.人民日报，2021-04-12（006）.
⑤ 习近平.坚决破除制约教育事业发展的体制机制障碍［G］//习近平谈治国理政：第三卷.北京：外文出版社，2020：347-351.

业负担和校外培训负担的意见》，"双减"执行力度不断加大。目前，各部委各地区政策协调联动机制已经形成，教育部、市场监管总局、民政部、人力资源和社会保障部等出台配套政策文件，教育部、中央编办、司法部联合发文，要求加快建成权责明晰、管理规范、运转顺畅、保障有力、监管到位的校外培训监管行政执法体系，教育部成立校外培训监管司，专项治理整顿初见成效。截至2022年2月，原12.4万个义务教育阶段线下学科类校外培训机构压减了92.1%，原263个线上校外培训机构压减了87.1%。[①]到4月底，全国91.4%的县（市、区）启动了上述类校外培训治理"回头看"工作，巩固整治成效。[②]调查显示，校长、教师、家长和学生表示赞同"双减"政策的比例分别是96.8%、92.8%、90.5%和96.0%。[③]

5．教育对外开放长足进展正在应对新的挑战

随着中国日益走近世界舞台中央，教育发展和对外开放的外部环境发生了很大变化，教育在服务国家战略和参与全球教育治理中的地位和作用逐渐凸显。改革开放以来，特别是党的十八大以来，教育对外开放呈现由注重国内治理向国内与全球治理并重的趋势。2020年，我国境内中外合作办学机构和项目2332个，其中，本科及以上的1230个，具有独立法人资格的中外合办大学10所，国内本科以上中外合

---

① 孙竞.教育部：线下学科类校外培训机构已压减超九成　收费平均下降4成以上［EB/OL］.（2022-02-28）［2022-04-12］. http://edu.people.com.cn/n1/2022/0228/c367001-32361736.html.

② 教育部.教育部办公厅关于开展义务教育阶段学科类校外培训治理"回头看"工作的通知［EB/OL］.（2022-04-01）［2022-05-23］. http://www.moe.gov.cn/srcsite/A29/202204/t20220402_613211.html.

③ 叶雨婷."双减"成效调查显示：超八成受访学生未参加校外学科培训［N］.中国青年报，2022-03-02（06）.

作办学在读学生超过30万人，我国已经成为世界一流大学的重要合作方。

在新时代"支持留学、鼓励回国、来去自由、发挥作用"方针的指引下，2016—2019年，我国出国留学人数251.8万人，回国201.3万人，学成回国人员占比达八成，[①]同期来华留学也呈现良好态势。中国教育正在逐步扩大国际影响力，主动有效参与国际教育规则的制定，为全球教育治理提供更多经验。但是，近年来国际环境日趋复杂，不稳定性、不确定性明显增加，新冠肺炎疫情影响广泛深远，经济全球化遭遇逆流，区域冲突及战争不断出现，世界进入动荡变革期，我国教育对外开放遇到前所未有的挑战，必须清醒认识、保持定力、有效应对，做好打攻坚战和持久战的准备。

二、世界部分国家教育改革发展的变化趋势

当今世界正处于百年不遇的大变局之中，新一轮科技革命和产业变革蓄势待发，世界政治经济格局的复杂性、不稳定性、不确定性进一步凸显，紧张不安和矛盾冲突达到了前所未有的程度，国际科技竞争、人才竞争和教育竞争加剧。这些给教育改革发展带来了前所未有的发展机遇和挑战，也提出了更高的要求。

1. 新一轮科技革命和国际产业分工格局重塑的态势

进入21世纪以来，全球范围内信息技术、生物技术、新材料技术、新能源技术广泛渗透，正在形成新的生产方式、产业形态、商业模式和经济增长点，互联网、云计算、大数据、智能机器人等现代技

---

① 教育部. 第六场：介绍"十三五"期间教育对外开放工作情况［EB/OL］.（2020-12-22）［2022-03-24］. http://www.moe.gov.cn/fbh/live/2020/52834/.

术深刻改变着人类的思维、生产、生活、学习方式。全球产业竞争和国际分工格局正在发生重大调整，国际金融危机发生后，发达国家纷纷实施"再工业化"战略，重塑制造业竞争新优势；一些发展中国家也在加快谋划和布局，积极参与全球产业再分工，承接产业及资本转移，拓展国际市场空间。以美国为首的西方发达国家为赢得科技竞争，加大了对我国科技发展的围堵。国际经济竞争、综合国力竞争，说到底是科技创新能力的竞争，而最终体现在人才竞争上。因此，人才培养与争夺成为焦点。同时，随着新技术新产业的蓬勃发展，为适应不断变化的工作世界，各行各业对高水平、高质量教育培训需求也越来越强烈。

有效应对新一轮科技革命及其推动的国际产业分工格局重塑，促使各国纷纷制定教育发展战略，通过教育改革发展谋划未来、抢占先机。美国前总统奥巴马2015年签署《每个学生都成功法案》，全面提高基础教育质量；前总统特朗普2017年签署行政命令力推"学徒制"，增加对职业和技术教育的资助。德国政府2016年推出"数字型知识社会"的教育战略，全面促进德国数字化教育，保障工业4.0国家创新战略实施。日本政府2013年出台的第二期《教育振兴基本计划（2013—2017年）》，提出培养在全社会各个领域引领与创造新价值、新观念的领导能力和领军人才，加强职业教育，培养核心专门人才和高端职业人才。优先发展教育，培养各类人才，已成为各国提升国际竞争力和应对诸多复杂挑战的基本战略选择。

改革开放以来，我国主动顺应经济全球化潮流，坚持对外开放，有效利用国际市场，依靠人力资源优势，成为世界贸易大国和世界第二大经济体，但是经济大而不强问题依然突出。在新一轮发展中，面临着发达国家遏制打压和新兴经济体比拼赶超的局面，必须依靠持续高强度的人力资本投资，通过做强教育，迎头赶上、奋起直追、力争超越。

2. 构建人类命运共同体的新形势新要求

当今世界正处于全球治理秩序重新调整，甚至重新构建的关键阶段，全球发展不平衡加剧，传统安全威胁和非传统安全威胁交织，不可持续的经济生产和消费模式导致全球气候变暖、环境恶化和自然灾害频发，世界各地的社会内部以及不同社会之间的不平等、排斥和暴力有增无减，文化和宗教不宽容、基于身份的政治鼓动和冲突日益增多，国际社会普遍将教育视为应对这类挑战的有效办法。联合国教科文组织认为，再没有比教育更为强大的变革力量，教育将促进人权和尊严，消除贫穷，强化可持续性，为所有人建设更美好的未来。[①] 为此，联合国教科文组织在2015年发布的《教育2030行动框架》将教育的使命扩大至全纳、公平和全民终身学习，给每个人公平的机会，以有效应对快速变化的劳动力市场、技术进步、城市化、移民、政治不稳定、环境恶化、自然危害与灾害、自然资源竞争、人口结构挑战、全球失业率的上升、贫困的持续、不平等的扩大等因素带来的问题。[②]

从2019年年底开始，新冠肺炎疫情席卷全球，对全球经济社会发展产生重大影响。2020年8月，联合国秘书长古特雷斯认为新冠病毒疫情导致历史上最大规模"教育中断"，当时超过160个国家和地区学

---

① 联合国教科文组织. 反思教育：向"全球共同利益"的理念转变？［M］. 联合国教科文组织总部中文科，译. 北京：教育科学出版社，2017：69.
② 胡佳佳，吴海鸥. "教育2030行动框架"描画全球未来教育的模样［J］. 吉林教育，2016（04）：76–79.

校停课，10多亿学生受影响。据联合国教科文组织估计，180个国家和地区至少2380万青少年儿童可能辍学或无法上学，曾对在线学习抱有很大期待，[①]但是直至2022年疫情仍在起伏，拐点尚未到来。我国在党中央"坚持人民至上、生命至上"的方针指引下，在全球率先控制住疫情、复工复产恢复经济社会发展，同时在大中小学实施了全球最大规模的在线教学，"停课不停学不停教"，[②]率先复课复学，在疫情出现反弹的形势下，继续运用线上线下相结合的教育教学方式，保障青少年儿童和其他社会成员的基本教育与学习机会，为深化教育教学改革不断积累新的成功经验。

在百年变局与世纪疫情相互交织、全球性挑战和利益关系错综复杂的形势下，有效处理各方矛盾和各类冲突，需要教育引导人们学会在承受压力的地球上共处，促进社会经济和环境的可持续发展。习近平总书记倡导的"构建人类命运共同体"理念被写入联合国决议，中国成为世界和平的维护者、全球发展的贡献者、国际秩序的维护者，特别是"一带一路"倡议正在为21世纪国际合作创造一种新的模式，打造政治互信、经济融合、文化包容的利益共同体、命运共同体、责任共同体，促进沿线经济繁荣发展，加强文明交流共享，提升中国软实力，为推动中国教育的国际交流与合作提供了契

---

① 联合国秘书长呼吁：全球应对史上最大规模教育中断［EB/OL］.（2020-08-05）［2022-12-13］. https://www.cankaoxiaoxi.com/culture/20200805/2417552.shtml.

② 教育部. 保障高校在疫情防控期间在线教学 实现停课不停学［EB/OL］.（2020-02-05）［2022-03-16］. https://baijiahao.baidu.com/s?id=1657666676805737462&wfr=spider&for=pc. 教育部基础教育司. 疫情期间中小学线上教学工作情况［EB/OL］.（2020-05-14）［2022-3-16］. http://www.moe.gov.cn/fbh/live/2020/51987/sfcl/202005/t20200514_454112.html.

机，聚力构建"一带一路"教育共同体，形成平等、包容、互惠、活跃的教育合作态势，全面支撑共建"一带一路"建设，不断推进沿线各国人民相知相亲。坚持"引进来"和"走出去"相结合，做强中国教育，积极参与教育领域国际规则制定，不断提升我国教育质量、国家软实力和国际影响力。

三、新时代教育改革的推进方向和体制机制建设

中国共产党团结带领全国各族人民不懈奋斗，在党的百年华诞之际如期实现第一个百年奋斗目标——全面建成小康社会，在事关14亿多中国人切身利益的"幼有所育、学有所教、劳有所得、病有所医、老有所养、住有所居、弱有所扶"上取得卓著成就。其中，"幼有所育"和"学有所教"，与一个人的初始成长阶段和关键成长阶段直接相关，是民生建设中最重要的基础环节。[①]以习近平同志为核心的党中央明确提出了"四个全面"战略布局，围绕"两个一百年"奋斗目标——从"全面建成小康社会"到"全面建设社会主义现代化国家"，坚持"全面深化改革、全面依法治国、全面从严治党"三大战略举措，对全面深化改革做出了系统部署。根据党中央的战略部署，教育领域深入推进综合改革，围绕努力办好人民满意的教育大局，在许多方面取得了突破性进展，收到了显著成效。

一是教育领域综合改革的战略方向和任务重点更加清晰。

中国特色社会主义进入新时代，以党的十八届三中全会为开端，

[①] 张力. 百年征程党领导人民谱写教育雄伟篇章［N］. 中国教育报，2021-07-08（007）.

到十八届四中、五中、六中全会一以贯之，^①从党的十九大报告到十九届三中、四中、五中、六中全会文件，在改革开放以来深化教育改革的基础上，与时俱进地相继部署深化教育领域综合改革，主要聚焦：以立德树人为导向，全面创新育人模式；以促进公平为关键，多方位缩小教育差距；以考试招生制度改革为龙头，优化教育结构体系等。以管办评分离为重点，改革管理体制和办学体制。

2017年，党的十九大报告明确提出新时代优先发展教育事业、加快教育现代化、建设教育强国的一整套战略部署，要求坚持以人民为中心的发展思想，深化教育改革，围绕办好人民满意的教育确定一系列新要求新举措，并且更加重视全面增强教育系统的自身实力和服务"五位一体"总体布局的能力。^②同年，中共中央办公厅、国务院办公厅颁布的《关于深化教育体制机制改革的意见》提出深化教育体制机制改革的四条原则，即坚持扎根中国与融通中外相结合，坚持目标导向与问题导向相结合，坚持放管服相结合，坚持顶层设计与基层探索相结合，并具体布置了教育体制机制改革任务。

根据党的十九大报告关于教育事业的总体部署，2018年党中央、国务院印发的《中国教育现代化2035》，作为我国第一个以教育现代化为主题的中长期战略规划、新时代推进教育现代化、建设教育强国的纲领性文件，明确了推进教育现代化、建设教育强国的总体目标，即在2020年全面建成小康社会的基础上，到2035年总体实现教育现代

---

① 中共教育部党组. 发展具有中国特色世界水平的现代教育——党的十八大以来教育改革发展的成就和经验［J］.云南教育（视界时政版），2017（09）：6-9.
② 张力. 全面开启新时代教育现代化新征程［J］.中国校外教育，2018（03）：1-3.

化，迈入教育强国行列，推动我国成为学习大国、人力资源强国和人才强国，为到本世纪中叶建成富强民主文明和谐美丽的社会主义现代化强国奠定坚实基础。这一中长期战略规划，对深化教育领域综合改革提出新的更高要求。

2018年，党的十九届三中全会在部署党和国家机构改革时，从完善公共服务管理体制、加快推进事业单位改革、推进社会组织改革等方面对深化教育改革做出新的谋划。2019年，党的十九届四中全会以构建服务全民终身学习的教育体系为目标，强调深化教育领域综合改革。2020年，党的十九届五中全会在关于制定国民经济和社会发展"十四五"规划和2035年远景目标的建议中，以建设高质量教育体系为重点，对坚持教育公益性原则、深化教育改革、促进教育公平进行多方位部署。2021年，党的十九届六中全会全面总结党的百年奋斗重大成就和历史经验，在阐述党领导人民取得新民主主义革命、社会主义革命和建设、改革开放和社会主义现代化建设、新时代中国特色社会主义四个时期的伟大成就时，对教育改革成就也做出了概要总结。

上述一系列党的重要文献和实践成效，充分体现了党对人民教育事业的高度重视，始终坚持为中国人民谋幸福、为中华民族谋复兴的初心使命，把教育发展作为民族振兴的重要基石，把教育改革作为强劲动力，不断推动教育事业取得新的历史性成就、发生新的历史性变革，教育综合改革目标任务更加明确，改革框架"四梁八柱"初步搭建起来，为今后全面深化教育领域综合改革提供了总体方向和行动指南。

二是深化教育领域综合改革的推进体制机制更加完善。

形成完善和有力的推进机制是不断深化教育领域综合改革的重要保障。党的十八大以来，以习近平同志为核心的党中央始终坚持和不断加强对教育领域综合改革的统筹领导。2013年，根据党的十八届三中全会通过的《中共中央关于全面深化改革若干重大问题的决定》，中央成立全面深化改革领导小组，负责改革总体设计、统筹协调、整体推进、督促落实。2014年1月22日，中央全面深化改革领导小组召开第一次会议，开启经济体制、政治体制、文化体制、社会体制、生态文明体制和党建制度等方面改革的新篇章。习近平总书记强调集中力量推进改革，"一分部署，九分落实"，①经中央编办批准新设立的教育部综合改革司，在党的十八大以来以全面贯彻中央全面深化改革领导小组部署要求、推进教育领域综合改革为主责。

2018年，根据党的十九届三中全会通过的《中共中央关于深化党和国家机构改革的决定》和党中央印发的《深化党和国家机构改革方案》，中央全面深化改革领导小组改为中央全面深化改革委员会，在统筹设置各项中央决策议事协调机构方面，明确决定，为加强党中央对教育工作的集中统一领导，全面贯彻党的教育方针，加强教育领域党的建设，做好学校思想政治工作，落实立德树人根本任务，深化教育改革，加快教育现代化，办好人民满意的教育，组建中央教育工作领导小组，作为党中央决策议事协调机构。主要职责是，研究提出并组织实施在教育领域坚持党的领导、加强党的建设方针政策，研究部署教育领域思想政治、意识形态工作，审议国家教育发展战略、中长期规划、教育重大政策和体制改革方案，协调解决教育工作重大问题等。中央教育工作领导小组秘书组设在教育部。

近十年来，中央全面深化改革领导小组（中央全面深化改革委员

---

① 习近平.论坚持全面深化改革［G］.北京：中央文献出版社，2018：84.

会）在习近平总书记的亲自主持下，召开了数十次会议，相继审议了涉及社会主义现代化"五位一体"建设和党的建设各个领域的改革方案，包括与深化教育领域综合改革相关的政策文件。尤其是从2018年年初至2022年年初，经中央全面深化改革委员会审议通过的与教育改革发展直接相关的政策文件17件（表3），后经党中央、国务院以及中共中央办公厅、国务院办公厅正式发布。总体上看，针对新时代新形势下教育改革发展全局，在国家层面密集出台一系列政策措施，更加重视用新发展理念引领教育改革发展，更加注重教育领域改革的全局性和系统性，更加强调以综合改革激发教育发展活力，对深化教育领域综合改革具有非常重要的指导意义。

表3 党的十九大以来中央全面深化改革委员会审议教育有关文件概况

会议序号	召开时间	审议通过的教育改革发展的政策文件
第一次	2018年3月28日	《关于深化项目评审、人才评价、机构评估改革的若干意见》《关于进一步加强科研诚信建设的若干意见》
第二次	2018年5月11日	《高等学校所属企业体制改革的指导意见》
第三次	2018年7月6日	《关于规范校外培训机构发展的意见》《关于学前教育深化改革规范发展的若干意见》
第五次	2018年11月14日	《国家职业教育改革实施方案》
第六次	2019年1月23日	《关于深化教育教学改革全面提高义务教育质量的意见》
第七次	2019年3月19日	《关于扩大高校和科研院所科研相关自主权的若干意见》
第九次	2019年7月24日	《国家产教融合建设试点实施方案》

续 表

会议序号	召开时间	审议通过的教育改革发展的政策文件
第十次	2019年9月9日	《关于减轻中小学教师负担进一步营造教育教学良好环境的若干意见》
第十一次	2019年11月26日	《关于全面加强新时代大中小学劳动教育的意见》《关于深化新时代教育督导体制机制改革的意见》
第十三次	2020年4月27日	《关于深化体教融合促进青少年健康发展的意见》
第十四次	2020年6月30日	《深化新时代教育评价改革总体方案》
第十五次	2020年9月1日	《关于新时代振兴中西部高等教育的若干意见》《关于规范民办义务教育发展的实施意见》
第十七次	2020年12月30日	《新时代加强和改进思想政治工作的意见》
第十九次	2021年5月21日	《关于进一步减轻义务教育阶段学生作业负担和校外培训负担的意见》
第二十二次	2021年11月24日	《关于建立中小学校党组织领导的校长负责制的意见（试行）》
第二十三次	2021年12月17日	《关于深入推进世界一流大学和一流学科建设的若干意见》
第二十四次	2022年2月28日	《关于加强基础学科人才培养的意见》

注：根据中国共产党新闻网信息整理，参见http://cpc.people.com.cn/。

在党的十九届五中全会研制关于国民经济和社会发展"十四五"规划和2035年远景目标建议过程中，习近平总书记主持召开了一系列座谈会，广泛听取党内外各方面的意见建议。2020年9月22日，在教育文化卫生体育领域专家座谈会上，听取专家意见后发表了重要讲话，为

"十四五"时期教育工作重点明确了前进方向。习近平总书记深刻地指出，"十四五"时期，我们要从党和国家事业发展全局的高度，全面贯彻党的教育方针，坚持优先发展教育事业，坚守为党育人、为国育才，努力办好人民满意的教育，在加快推进教育现代化的新征程中培养担当民族复兴大任的时代新人。要坚持社会主义办学方向，把立德树人作为教育的根本任务，发挥教育在培育和践行社会主义核心价值观中的重要作用，深化学校思想政治理论课改革创新，加强和改进学校体育美育，广泛开展劳动教育，发展素质教育，推进教育公平，促进学生德智体美劳全面发展，培养学生爱国情怀、社会责任感、创新精神、实践能力。

习近平总书记明确要求，"十四五"时期和今后相当一个时期，要全面深化教育领域综合改革，增强教育改革的系统性、整体性、协同性。要抓好深化新时代教育评价改革总体方案出台和落实落地，构建符合中国实际、具有世界水平的评价体系。要总结应对新冠肺炎疫情以来大规模在线教育的经验，利用信息技术更新教育理念、变革教育模式。要扩大教育对外开放，优化教育开放全球布局，加强国际科技交流合作，提升层次和水平。同时，要守住安全底线，确保正确政治方向。习近平总书记强调"全面深化教育领域综合改革"，为整体谋划教育改革布局做出了极为重要的宏观定位。

2020年11月2日，习近平总书记主持召开中央全面深化改革委员会第十六次会议。会议强调，党的十八届三中全会以来，我们加强党对教育工作的全面领导，部署推进教育领域综合改革，中国特色社会主义教育制度体系的主体框架基本确立，一些长期制约教育事业发展的体制机制障碍得到破解，一大批基层改革创新的经验做法不断涌现，教育面貌正在发生格局性变化。"十四五"时期，要继续深化教育领域综合改革，全面贯彻党的教育方针，紧扣落实立德树人根本任务深化教育改革，努力构建德智体美劳全面培养的教育体系。要优化同新发展格局相适应的教育结构、学科专业结构、人才培养结构，统筹推进育人方式、办学模式、管理体制、保障机制改革。要围绕服务国家战略需要，聚焦人民群众所急所需所盼，着力构建优质均衡的基本公共教育服务体系，加快缩小区域、城乡差距。习近平总书记关于教育的系列重要论述，既提纲挈领地总结了党的十八届三中全会以来教育改革基本面，又再次强调教育改革总方向是全面贯彻党的教育方针、落实立德树人根本任务，聚焦国家战略需要和人民群众需求，适应新发展格局优化结构，为"十四五"时期全面深化教育领域综合改革提供了重要指针。

第二节 ｜ 人才培养体制改革取得新进展

人才培养体制改革是深化教育体制改革的核心任务。围绕构建体系开放、机制灵活、渠道互通、选择多样的人才培养体制，坚持自上而下与自下而上相结合，实现了改革探索的多途径立体推进。

一、立德树人根本任务有效落实

党的十八大以来，各级各类学校全面贯彻党的教育方针，深入培育和践行社会主义核心价值观，开展理想信念教育、爱国主义教育、中华优秀传统文化教育和革命传统教育，推动进教材、进课堂、进头脑。修订发布19门义务教育学科课程标准，完成义务教育道德与法治、语文、历史16册教材编写、普通高中课程修订和高等教育"马克思主义理论研究和建设工程"本科教材编审，大中小幼一体化的德育体系更加完善。2015年以来高校学生思想政治状况多次调查的结果显示，广大学生和教职员工衷心拥护以习近平同志为核心的党中央，高度认同党中央治国理政新理念新思想新战略，对国家前途充满信心。

学校体育、美育和劳动教育丰富多彩，校园足球运动广泛开展。近年来监测数据显示，中小学生体质健康状况下滑趋势得到遏制，学生的速度、柔韧、力量、耐力等身体素质指标稳中向好。[1]初步建立中小学生艺术素质测评、艺术教育工作自评机制，促进各地各校开齐开足艺术课。劳动教育落实到各类课程和校内外活动。结合实施系列卓越人才教育培养计划和科教结合协同育人行动计划。2015年全国已建设完成150个示范性学校综合实践基地和833个国家大学生校外实践基地。[2]中小学把研学旅行纳入学校教育教学计划，高校开展"三下乡"、志愿服务西部计划等活动，学生的社会责任感、实践能力和创新精神进一步增强。

二、人才培养模式改革深入推进

1. 职业教育产教融合、校企合作育人模式基本形成

国家层面组建了62个行业职业教育教学指导委员会，全国建成约1300个职教集团，广泛开展订单培养、校中厂、厂中校、现代学徒制等，基本形成产教协同发展和校企共同育人的格局。人才培养质量稳步提高，党的十八大以来，中职毕业生就业率连续10年保持在95%以

---

① 教育部基础教育质量监测中心. 中国义务教育质量监测报告［R/OL］.（2018-07-25）［2022-03-06］. http://www.doc88.com/p-8092526860415.html.

② "十二五"以来我国教育改革发展的辉煌成就［EB/OL］.（2015-10-15）［2022-01-13］. http://www.scio.gov.cn/zhzc/35353/35354/Document/ 1506987/ 1506987. htm.

上，高职毕业生半年后就业率超过90%，[①]就业质量持续向好。近70%的职业学校毕业生在县市就近就业。据调查，2015届学生毕业半年后自主创业比例为3.9%，比2011届增长了1.7个百分点，增幅达77.3%。

2．高等教育建立科教协同育人机制

推进人才培养与社会需求间的协同，与科研院所、相关行业部门共同推进全流程协同育人，与行业企业共建共享协同育人实践基地。党的十八大以来，全国有350所高校、120家科研院所参加科教结合协同育人行动计划，覆盖全国所有省份，每年惠及16万学生。系列卓越人才教育培养计划覆盖600余所高校，毕业生工程实践能力、创新能力和综合素质得到用人单位认可。

3．将创新创业教育融入人才培养全过程

目前82%的高等学校开设了创新创业必修或选修课。100多所部属高校和700多所地方高校参与大学生创新创业训练计划，资助8万多个项目，参与学生近22万人。高校毕业生初次就业率连续多年保持在70%以上。2014年以来，在新登记注册的市场主体中，大学生创业者超过500万人。[②]

4．启发式教学、研究性学习、个性化培养成为共识，并在实践中探索推进

各地积极开展素质教育改革试点，许多学校注重学思结合、因材施教，努力探索启发式、探究式、讨论式教学的有效模式，并开展研

---

① 引自教育部召开"教育这十年""1+1"系列发布会第三场：介绍党的十八大以来职业教育改革发展成效（R/OL）.（2022-05-24）[2022-05-24]. http://www.moe.gov.cn/fbh/live/2022/54487/.

② 中华人民共和国国务院新闻办公室. 新时代的中国青年［M］. 北京：人民出版社，2022. 参见 http://www.scio.gov.cn/zfbps/32832/Document/1723331/1723331.htm。

究性学习，注重独立思考和问题解决能力培养，促进学生全面而有个性的发展。中央组织部、教育部、科技部等2011年联合下发《基础学科拔尖学生培养试验计划实施办法》，建立高校基础学科拔尖计划试验区，逐步形成"一制三化"拔尖创新人才培养模式，即导师制、小班化、个性化、国际化培养，更加注重引入科学研究项目训练，培养学生的科研兴趣和研究能力。教育部2020年启动部分高校基础学科招生改革试点（"强基计划"），旨在选拔培养有志于服务国家重大战略需求且综合素质优秀或基础学科拔尖的高中学生。

三、教育质量监测评价体系更加完善

一是教育质量标准体系逐步健全。

根据党中央、国务院2020年印发的《深化新时代教育评价改革总体方案》的总体要求，教育部等六部门2021年印发《义务教育质量评价指南》，实施义务教育质量评价指标，涵盖县域、学校、学生3个层面、36项关键指标、84项考查要点。同年教育部印发《普通高中学校办学质量评价指南》，实施普通高中学校办学质量评价指标，包括5个方面重点内容，共18项关键指标、48个考查要点。继2001年、2011年制定颁布义务教育课程方案和课程标准后，教育部2022年公布新修订的义务教育课程方案和语文等16门学科的课程标准，从当年秋季开始执行。2017年、2020年、2021年，教育部对普通高中课程方案和语文等20门学科课程标准分别进行了修订。2020年教育部有关部门组织各行业职业教育教学指导委员会，牵头对现行高等职业学校专业教学标准进行了全面修（制）订。目前正在实施的《中等职业学校专业教学目录》涵盖16个专业大类的230个专业教学标准，《普通高等学校本

科专业类教学质量国家标准》涵盖92个专业类的587个本科专业。

　　二是教育质量监测评价体系日趋完善。

　　义务教育质量监测、学生体质健康监测和艺术教育素质测评体系，涵盖学生学业成绩、体质健康和艺术发展等多项内容。2013年教育部印发《关于推进中小学教育质量综合评价改革的意见》，教育部遴选确定上海市等30个地区作为国家实验区开展评价改革。建立以高校自我评估为基础，以教学基本状态数据常态监测、院校评估、专业认证及评估、国际评估为主要内容，政府、学校、专门机构和社会多元评价相结合的教学评估制度。2013年，国际工程联盟大会全票通过了我国加入《华盛顿协议》的申请，标志我国工程教育质量得到国际工程教育界的基本认可。

　　三是质量提升得到"第三方"教育质量评价证实。

　　经济合作与发展组织从2000年开始进行"国际学生学业水平测试"（Programme for International Student Assessment, 缩写为PISA），新冠肺炎疫情前每三年举办一轮，对各国各地区15岁男女学生样本的阅读、数学、科学三门学科基本素养能力进行统一测试。我国香港、澳门特别行政区和台湾地区多次参与。2009年、2012年上海参与后总成绩居于首位。2015年，上海、北京、江苏、广东的总成绩居第10位，2018年上海、北京、江苏、浙江的总成绩居第1位，引起国外同行对中国基础教育质量的关注。我国高等教育的学科质量日益得到国际认可，在多项世界大学排行榜中位次大幅提升。据基本科学指标数据库（Essential Science Indicators, 缩写为ESI）2022年3月公布的数据，我国内地总共有371所高校有至少一个学科进入该数据的世界前1%。①

――――――――

① 最新！ESI世界大学排名：371所内地高校上榜！［N/OL］.（2022-03-13）［2022-03-13］. https://page.om.qq.com/page/OEhb7UeeEPVbetyOZ6ry4Uag0.

四、注重提高社会实践育人实效

坚持教育与生产劳动和社会实践相结合，是党的教育方针的重要要求。习近平总书记在2018年全国教育大会上强调，要努力构建德智体美劳全面培养的教育体系，形成更高水平的人才培养体系，要把立德树人融入思想道德教育、文化知识教育、社会实践教育各环节。多年来，全国各级各类学校越来越重视社会实践环节的育人功能，普遍开发实践课程和活动课程，并积极利用社会教育资源，开展各种课外及校外活动通过多种途径和方式，增强学生的科学实验、生产实习、技能实训的成效。

按照党中央、国务院的部署要求，教育部、财政部实施县级校外活动场所建设项目，资助教育系统所属各校外活动中心开展普及性的公益活动。从"十二五"时期开始，分批次支持各省地级市建设150个示范性综合实践基地，推进学工、学农、生命安全教育等综合实践教育活动；建设12000个乡村学校少年宫，推进开展普及性科技、文体、教育活动。统筹各部门资源建立多类型中小学社会实践基地。财政部、教育部2021年发布《中央专项彩票公益金中小学生校外研学实践活动项目资金管理办法》，继续支持中小学生校外研学实践活动项目。

目前，各方协作加强中小学校外活动场所建设，逐步建成素质教育、优秀传统文化教育、爱粮节粮教育、科普教育、档案教育、节水教育、水土保持教育、毒品预防教育等一大批社会实践基地。与联合国教科文组织合作开展的生态文明与可持续发展教育，以北京为中心，在上海、内蒙古、河北、浙江、山东、广东、海南、四川等省区市形成1500多所中小学的试验点和若干示范区。高校建设教学与科研紧密结合、学校与社会密切合作的实践教学基地，2014年以来，各地各高校共建设5600余个创业孵化和实践基地、近1000个大学生校外实践教育基地。北京、上海等地在利用校外活动场所和资源，在创新和加强协同育人做法等方面开展了有效探索，取得了不少成效。各地区鼓励大中学生积极参与志愿服务和公益事业，不断积累多样化的经验，有些地区已经形成常态化的制度机制。

第三节 │ 考试招生制度改革实现重大突破

考试招生制度改革是深化教育领域综合改革的突破口。围绕党的十八届三中全会对推进考试招生制度改革的全面部署，习近平总书记在2014年中央全面深化改革领导小组第四次会议上时指出，考试招生制度改革，总的目标是形成分类考试、综合评价、多元录取的考试招生模式，健全促进公平、科学选才、监督有力的体制机制，构建衔接沟通各级各类教育、认可多种学习成果的终身学习立交桥。2014年，经过党中央审议，国务院发布《关于深化考试招生制度改革的实施意见》。党的十八届三中全会以来，全国范围分类考试、综合评价的考试制度初步建立，"两依据一参考"、多元录取的招生制度开始破题，以公平为基本导向的考试招生管理体制进一步健全，全面深化、统筹考试招生和管理制度的新一轮考试招生制度综合改革，正进入全面启动实施的新阶段。

一、入学公平保障水平显著提高

1. 区域间高考录取率差距缩小

新高考改革多措并举、精准发力，显著缩小了区域间高考录取率差距，进一步拓展了贫困学生、少数民族学生接受高等教育的机会。一是综合考虑生源数量、办学条件、毕业生就业等因素，进一步完善了国家招生计划编制办法。二是深入推进《国家支援中西部地区招生协作计划》，安排东部地区普通高校招收中西部地区考生，2015—2017年共有69.7万名学生受益。^①三是严格控制部属高校属地招生比例，将更多招生计划投向中西部及入学机会偏低的人口大省。2017年，中西部高考录取率最低省份与全国平均水平差距由2007年的17个百分点缩小到4个百分点以内。^②2013—2020年，累计有514.05万建档立卡贫困学生接受高等教育，数以百万计的贫困家庭有了第一代大学生。^③2020年数据显示，少数民族在校生在全国总数比例均高于同年少数民族人口占全国总人口比例（8.89%，第七次全国人口普查数据），特别是在高等教育阶段，少数民族在校生占全国总数首次达到8.93%的历史新高。

2. 重点大学的农村生源比例上升

一是实施《国家农村贫困地区定向招生专项计划》，由部属高校和省属重点高校安排部分招生名额，面向22个省832个贫困县及高校录取率偏低的10个重点省区招生。^④二是实施《重点高校农村学生单独招生计划》，由以部属高校为主的重点高校安排部分招生名额（不少于

① 教育部有关负责人就2017年普通高等教育招生计划管理工作答记者问［EB/OL］.（2017-05-10）［2022-02-13］. http://www.moe.gov.cn/jyb_xwfb/s271/201705/t20170510_304227.html.
② 柯进. 这5年，我国教育事业全面发展［EB/OL］.（2017-10-23）［2021-12-24］. http://www.moe.gov.cn/jyb_xwfb/xw_zt/moe_357/jyzt_2017nztzl/2017_zt11/17zt11_bd/201710/t20171023_317194.html.
③ 赵婀娜，丁雅诵. 教育公平迈出更大步伐［N］. 人民日报，2022-05-05（020）.
④ 赵婀娜. 努力让十三亿人民享有更好更公平的教育——党的十八大以来中国教育改革发展取得显著成就［EB/OL］.（2017-10-17）［2022-04-05］. http://ex.cssn.cn/zx/201710/t20171017_3669755_2.shtml.

本科一批招生计划的3%），定向招收边远、贫困、民族等地区县以下高中的农村学生。三是实施《地方重点高校招收农村学生专项计划》，由各省安排所属重点高校部分招生名额（不少于本科招生计划的2%），定向招收本省实施区域的农村学生。近年来，国家继续面向农村和原贫困地区实施重点高校招生专项计划，专项计划的实施区域、报考条件、招录办法等相关政策保持不变，农村和原贫困地区学生考取重点高校比例不断提高。2012—2021年，专项计划年招生规模从1万人扩至12.2万人，累计录取农村和贫困地区学生82万余人。[①]

3．高考加分政策更加规范

教育部等部门出台新政策规定，2015年起取消6项全国性加分项目，只保留少数补偿性加分项目；取消5项地方性加分项目，地方性加分项目减幅达63%，辽宁、吉林等13个省份甚至取消所有地方性加分项目。保留的地方性加分项目，加分不得超过5分且只限于本省高校在本省招生使用。加分项目过多、分值过大，甚至加分资格造假、权力寻租等问题得到有效治理。

二、科学选才取得重要进展

1．招生录取制度更加科学

推行高考成绩公布后填报平行志愿投档方式，逐步取消高校招生录取批次。2017年，18个省合并本科二批和三批次，3个省市合并本科一批和二批次。在同年开始的首批新高考改革试点中，浙江省考生志愿由"专业+学校"组成，实行专业平行投档，填报志愿与投档按考生成绩

---

① 丁雅诵.推进教育公平 共享优质教育［N］.人民日报，2022-05-05（006）.

分段进行，探索"三位一体"招生模式，赋予高校更大的考试招生自主权。上海市实行院校专业组平行志愿录取，增加高校与学生双向选择机会。近年来，第二、第三批新高考改革试点覆盖14个省和直辖市，其余17省和自治区的新高考改革试点陆续跟进。（请参考专栏1）

专栏1　新一轮高等学校招生考试进展情况

第一批新高考改革省市：2014年启动，浙江、上海。

第二批新高考改革省市：2017年启动，北京、山东、天津、海南。

上海、北京、天津、海南、山东实行"3+3"和"6选3"模式，不分文理科。语文、数学、外语3科必考，物理、化学、生物、政治、历史、地理6科中选3科。浙江实行"3+3"和"7选3"模式，不分文理科。语文、数学、外语3科必考，政治、历史、地理、物理、化学、生物、技术7科中选3科。

第三批新高考改革省市：2018年启动，河北、辽宁、江苏、福建、湖北、湖南、广东、重庆。

第三批新高考实行"3+1+2"模式，不分文理科。其中"3"为全国统考科目语文、数学、外语，是所有考生的必考科目；"1"为首选科目，考生在高中学业水平考试的物理和历史科目中选择一科；"2"为再选科目，考生可在高中学业水平考试的思想政治、地理、化学、生物中选择两科。科目"3+1"的部分，即语文、数学、外语、物理、历史的考试成绩以原始分计入总分，科目"2"的部分，即再选科目，将按照等级赋分，以转换后分数计入高考总成绩。

第四批新高考改革省区：2021年启动，甘肃、黑龙江、吉林、安徽、江西、贵州、广西。（"3+1+2"）

第五批新高考改革省区：2022年启动，河南、四川、山西、内蒙古、云南、陕西、青海、宁夏。（"3+1+2"）

　　启动时间和模式待定：西藏、新疆。

　　（注：启动是指从当年秋季入学的高中一年级学生开始实施，三年后执行新高考模式。）

　　　　　　　　　　　——以上根据各省区市教育行政部门网站整理

2．高校自主招生更加顺畅

针对自主招生试点过程中出现的问题，2014年教育部专门发文加以规范，要求严控自主招生规模（招生计划2%以内），合理确定考核内容，强化招生过程监管，学校推荐改为考生自荐。2015年起，自主招生考核调整到高考结束后至成绩公布前约两星期内完成。此举既有效解决影响中学教学秩序等问题，又不推迟现行高考录取进程。

3．综合素质评价更加成熟

将综合素质评价结果作为学生毕业和升学的重要参考。2014年12月教育部发文，要求综合素质评价选择学生思想品德、学业水平、身心健康、艺术素养、社会实践五方面内容予以记录，重点看具体活动和相关事实；省级教育行政部门建立统一电子管理平台，成绩按比例分等。高校将逐步扩大综合素质评价的适用范围，促使高中学校将工作重点从"单纯育分"走向"全面育人"。

4．学业水平考试更加完善

将学业水平考试成绩作为学生毕业和升学的重要依据。2014年12月教育部发文，明确考试范围覆盖所有科目，每门课程学完即考，考试成绩以"合格、不合格"和"等级"呈现。选考科目以等级呈现，考生可以在指定范围内选择3门计入高考总成绩，普通高校可提出选考科目要求，但最多不超过3门，学生满足其中任何1门即符合报考条件。

三、学生和高校选择权大幅增加

1．考试评价机会更多选择

考试科目组合选择和考试评价次数增加，统考科目外语试行2次考试，选考科目探索多次考试。上海市选考科目6选3门最多有20种组合，257所普通高中有197所开设18种以上组合课程（约占77%），走班教学课时接近50%，2017年90%的考生突破文理分科限制。[①]浙江省选考科目7选3最多有35种组合，高二、高三各安排2次学业水平考试（考生最多选2次），学考科目加选考科目最多有22次考试机会，2017年78%的考生突破文理分科限制。

2．招生录取方式更加多元

除普通高校统一招生渠道外，还有自主招生、单独招生、定向招生、高职分类考试、免试推荐等多种选择。上海市实行以院校专业组为基本单元的招录模式，可选报24个院校专业组，每个专业组可选报4个专业，最多可选96个专业，2017年505所高校990个院校专业组在同一个平台上公平竞争。浙江探索"三位一体"等多种招生录取模式，实行分三段填报志愿，每一段所在学生可以填报80个专业平行志愿；浙江统一考试招生、三位一体综合评价招生、高职提前招生、高校自主招生、单独考试招生多种模式并行。

---

① 张婷，等. 上海：给学生一个多选的未来［N］. 中国教育报，2017-09-23（001）.

3．高职院校通道更加宽广

为了更好地体现高职院校特性，为人才成长提供更多路径，减轻学生高考负担，高职院校在考试内容、评价方式和时间安排上与普通高等学校分开。2017年分类考试在全国做到50%以上，已经成为高职院校招生主渠道。高职院校实行"文化素质＋职业技能"的考试评价方式，考生可以错峰竞争，更早选择适合自己的教育。同时，继续保留考生通过参加普通高考进入高职院校的通道。2019年以来，退伍军人、下岗职工、农民工、新型职业农民等社会人士可以入读高职，丰富了"职教高考"的多元性。本科层次职业教育成为与普通本科教育并行的一条通道，2021年全国共有职业本科高校32所，在校生12.9万人。中共中央办公厅、国务院办公厅2021年发布的《关于推动现代职业教育高质量发展的意见》要求到2025年，职业本科教育招生规模不低于高等职业教育招生规模的10%。

四、监督管理制度更加健全

1．信息公开制度建设更加完备

建立了分级负责、规范有效的"教育部、省级招生考试机构、高校、中学"四级信息公开公示制度。教育部阳光高考平台建立了统一招生信息管理系统，使考试招生工作始终在阳光下进行。各地和高校严格落实招生信息"十公开"，及时公开高校招生、考生报考、政府监管等信息。

2．考试招生安全责任更加明确

各高校成立了招生委员会，承担制订招生计划、确定招生规则、决定重大事项等职责。考试诚信档案建设更加完善，构建了正面教育、制度约束、违规处罚一体的高校考试招生诚信体系。教育考试招生法律法规更加健全，教育考试招生立法列上议事日程。建立了招生问责制度，2015年起，由校长签发录取通知书，对录取结果负责。

3. 违法违规处罚措施更加严厉

建立了考试招生申诉与复议制度，违纪举报机制更健全，违规处罚更严厉。《中华人民共和国刑法》（修正案）和《中华人民共和国教育法》规定，在法律规定的国家考试中组织作弊情节严重的，处三年以上七年以下有期徒刑并处罚金。《国家教育考试违规处理办法》和《普通高等学校招生违规行为处理暂行办法》也有严格追究违规考生、违规单位及相关人员责任的规定。

第四节 │ 教育管理体制改革向纵深推进

党的十八届四中全会通过的《中共中央关于全面推进依法治国若干重大问题的决定》明确了推进国家治理体系和治理能力现代化的总体要求，明确了教育系统依法治教、依法办学、依法治校的方向。根据党的十九大的重大战略部署，党的十九届四中全会通过的《中共中央关于坚持和完善中国特色社会主义制度 推进国家治理体系和治理能力现代化若干重大问题的决定》对包括教育在内各个领域的治理现代化进行了多方位谋划，提出一系列新的要求。新时代的教育管理体制改革，在推进国家治理体系和治理能力现代化的大局中，以管办评分离、放管服结合为导向，以进一步简政放权、改进管理方式为重点，以落实学校办学主体地位、激发学校办学活力为核心任务，以健全科学规范的教育评价机制为突破口，着力构建政府、学校、社会新型关系。行政审批制度改革力度不断加大，中央和地方各级政府责任进一步明确，学校办学自主权进一步落实，现代学校制度建设迈开重要步伐，社会参与作用逐步得到发挥，政事分开、权责明确、统筹协调、规范有序的教育管理体制框架逐步形成。

一、依法治教开启新探索和新篇章

1. 省级政府教育统筹权进一步扩大

2014年，国家教育体制改革领导小组办公室印发《关于进一步扩大省级政府教育统筹权的意见》，提出坚持由省级政府管理更方便更有效的教育事项一律下放省级政府管理的原则，扩大省级政府教育统筹权，包括依法审批设立实施专科学历教育的高等学校，统筹规划区域内学科专业布局，自主确定高职（专科）招生计划总量和地方高校高职（专科）招生计划，统一组织中小学教师资格考试、资格认定，完善教育转移支付制度和增长机制等。同时，明确省级政府在统筹职责区域教育现代化进程、教育与经济社会协调发展、城乡区域教育协调发展、各级各类教育协调发展、保障教育经费投入、深化教育综合改革、教育改革发展稳定等方面的职责，进一步理顺了中央与地方教育事权关系。许多地区加强组织领导，建立健全由省级政府统筹推进、各部门分工协作的工作机制，明确省级政府加强教育统筹的领导机构及主要负责人，开展了解决深层矛盾的系统性改革。

2. 学校章程建设取得重要突破

高等学校章程建设取得重要进展。2011年7月12日，教育部第21次部长办公会议审议通过《高等学校章程制定暂行办法》，要求所有高校2012年启动章程制定或修订工作。教育部印发《关于中央部委所属高等学校章程建设行动计划（2013—2015年）》，进一步明确章程建设工作方案和时间节点。随后，教育部陆续出台5个配套文件，指导各地加快高等学校章程建设，2015年年底如期实现全国高校一校一章程的改革目标。各地中小学积极推进学校章程建设，2015年全面形成校校有章程、一校一章程、政府宏观管理、学校依章办学的教育管理新格局。

3. 教育督导法律法规更加健全

2012年，国务院办公厅印发《关于成立国务院教育督导委员会的通知》，国务院分管领导任委员会主任，标志着教育督导工作地位提升到国家层面，教育督导在探索建立相对独立的教育督导机构方面取得实质性进展。同年，《教育督导条例》正式颁布，为开展各级各类教育督导提供了法治依据，为推进教育领域管办评分离奠定了制度基础。2014年，国务院教育督导委员会办公室出台《深化教育督导改革转变教育管理方式的意见》，强化国家教育督导，深入推进管办评分离，对督政、督学、评估监测做出总体部署，并制定《教育重大突发事件专项督导暂行办法》，教育重大突发事件专项督导制度进一步健全。

二、政府教育管理方式实现实质性转变

1. 教育行政权力清单和责任清单制度初步建立

"十二五"期间，国务院先后取消或者下放了一批教育行政审批事项。2014年，教育部印发《教育部职能转变方案》和《关于改进评审评估评价和检查工作的若干意见》，下放省级教育行政部门、高校和直属单位更多职责，取消多项评审评估评价事项。将清单管理引入教育领域，明确没有法律法规规定和政策许可，政府不得随意进入学校进行检查，政府不得法外设定管理教育的权力，没有法律法规依据不得

做出减损学校、教师、学生等合法权益或者增加其义务的决定。2020年12月，教育部公布了"十三五"期间取消部本级行政审批事项十多项，全部取消非行政许可审批事项、行政审批中介服务事项，教育领域深化"放管服"改革，推进"管办评"分离有了新的进展。

2．国家教育标准体系逐步形成

教育部对国家教育标准体系进行顶层设计，研究制定学校建设、经费投入、教师编制、教育质量、仪器设施、专业教学、语言文字等标准，逐步形成具有国际视野、富有中国特色的分层、分类教育标准体系。目前，已形成《国家教育标准研究报告》《国家教育标准体系框架图（草稿)》《国家教育标准建设规划（征求意见稿)》，审核发布《义务教育学校管理标准（试行)》《中等职业学校专业教学标准》《国家学生体质健康标准》，基本完成92个本科专业类教学质量国家标准，制定一级学科博士、硕士学位和专业学位基本要求。

3．行政监督和问责制度发挥更好作用

通过国家教育行政部门与地方签订责任书和改进监督评估机制，创立地方有效执行中央政策的问责机制。进一步完善督政、督学、评估监测三位一体的教育督导体系，建立地方政府履行教育职责督导制度，开展对地方政府统筹规划、政策引导、监督管理和提供公共教育服务等履行教育职责情况的综合督导，建立健全公示、公告、约谈、奖惩、限期整改和复查制度，提高教育督导的权威性和实效性。

三、现代学校制度建设不断探索推进

1．党对学校的全面领导进一步加强

落实中共中央办公厅2014年印发的《关于坚持和完善普通高等学

校党委领导下的校长负责制的实施意见》，进一步明晰了学校党委和校长科学有效行使职权、履行职责的机制、方式和组织形式，促进各高校领导把握好"集体领导、科学决策、党政合作"三个关键点，健全党政议事决策制度、完善协调运行机制。促进党委和校长有分工有合作，推动党委在决策谋划方面发挥好在学校改革发展稳定中的领导核心作用，校长在执行决断中发挥好在行政工作中的组织指挥作用，教育部启动实施直属高校校长选拔任用制度改革试点。根据新时代加强党对教育工作的全面领导的需要，中共中央办公厅2022年1月印发《关于建立中小学校党组织领导的校长负责制的意见（试行）》，强调坚持为党育人、为国育才，保证党的教育方针和党中央决策部署在中小学校得到贯彻落实，对发挥中小学校党组织领导作用、支持和保证校长行使职权、建立健全议事决策制度、完善协调运行机制、加强组织领导等提出新的要求。

2. 落实学校办学自主权取得显著进展

国家教育体制改革领导小组办公室2014年印发《关于进一步落实和扩大高校办学自主权完善高校内部治理结构的意见》，要求扩大高校在选拔学生、调整优化学科专业、开展教育教学活动、选聘人才、开展科研活动、管理使用财产经费和扩大国际交流合作等七个方面自主权，在专业设置和学科管理方面取得新的进展，二级学科由学位授予单位在一级学科授权权限内自主设置。职业院校在招生、专业设置和调整、教师评聘、资源配置、收入分配、校企合作等方面的办学自主权得到进一步落实。近年来全国各地逐步扩大中小学校的办学模式、资源配置、人事管理、合作办学等方面自主权。山东省2014年出台《关于推进基础教育综合改革的意见》，试点取消学校和校长行政级别，分步推进中小学校长职级制改革，并积极探索与校长职级制相适应，符合事业单位改革方向和学校管理规律，涵盖副校长等其他管理人员的中小学职级管理办法。

3. 高校内部民主管理和学术组织建设取得新的进展

各类高校致力于理顺学校与学院的关系，改变高校中校、院、系的直线职能式组织架构，建立并完善体现学术单位管理特点的高校院系治理模式，在促进院（系）的科学管理和规范管理方面进行改革探索，充分调动校院两级积极性，有效激发了校院两级发展的内生动力。不少高校通过支持各类群众组织和专业咨询机构开展工作，健全校院两级教职工代表大会制度，依法保障广大教职工和学生参与学校民主管理和监督的权利。目前，教代会已成为高校广大教职工行使管理权和监督权的主要渠道和基本形式。2014年教育部颁布实施《高等学校学术委员会规程》，实现行政权力与学术权力的相对分离，赋予高校学术委员会独立行使学术事务的咨询、评定、审议、决策权。部分地方和高校在实现教授治学上取得新进展，不少高校学术委员会在学科建设、学术评价、学术发展等方面的作用得到更好发挥，一些地方高校通过修订完善学术委员会章程，多方探索教授治学有效途径，为教授治学提供可靠的制度保障。

四、社会参与教育治理体制机制迈开新步

1. 社会参与教育决策机制更加健全

围绕依法办学、自主管理、民主监督、社会参与的现代学校制度建设，国家把健全依法、科学、民主决策机制作为完善教育管理、推进教育治理现代化的重要支撑，把公众参与、专家论证、风险评估、

合法性审查、集体讨论决定等纳入重大教育决策的法定程序。充分发挥国家教育咨询委员会及其他各类教育智库的作用，完善教育决策的智力支持系统。2014年教育部印发《普通高等学校理事会规程（试行）》，促进和规范高等学校理事会建设，增强高等学校与社会的联系、合作。各高校普遍以设立理事会、董事会或校务委员会及校友会、基金会等方式，扩大社会合作，积极发挥社会监督作用。在国家政策的指导下，全国各地普遍建立了中小学幼儿园家长委员会，扩大家长对学校办学管理行为的知情权、参与权、监督权，促进家庭教育与学校教育的有效衔接，为学校与家庭营造了和谐协同育人的氛围。

2．信息公开和公众监督制度得到执行

自2010年起，国家教育行政部门先后制定了《高等学校信息公开办法》《关于推进中小学信息公开工作的意见》《政府信息公开工作规定》和《高等学校信息公开事项清单》等文件，有关招生、财务等重点领域信息公开制度基本形成并不断完善。2014年，中国社会科学院法学研究所、社会科学文献出版社联合出版《法治蓝皮书》，其中《政府透明度指数报告》显示，55个受评估的国务院部门中，教育部在政府信息公开方面排名第一。中国教育科学研究院从2015年起，分别对全国基础教育、中等职业教育、高等教育进行群众满意度调查，总体得分超过80分。[①]各地区教育满意度测评基本上由地方教育行政部门开展，公众对教育知情权、参与权、监督权得到切实保障。从教育部到各省级教育行政部门已经初步建成各类教育基础信息数据库以及教育管理公共服务平台，为专业机构和社会公众参与教育决策等提供了

①　中国教育科学研究院项目组.全国基础教育总体满意度稳中有升——2020年全国基础教育满意度调查报告［N］.中国教育报，2021-09-07（004）.

全面权威的数据服务，为教育领域科学决策、民主决策、依法决策提供有效支持。

3.“第三方”教育评价制度稳步推进

2013年，国务院办公厅印发《关于社会力量购买服务的指导意见》提出将适合市场化方式提供的公共服务事项，交由具备条件、信誉良好的社会组织、机构和企业等承担。财政部自2014年起确定将教育部纳入年度政府购买服务工作计划，并将委托专业机构和社会组织开展教育评价纳入政府购买服务范围。一些受政府委托的专业化教育机构所开展的教育评价，积极采用现代化评价方法和技术，保证教育评价的科学性、规范性、独立性，切实发挥了教育评价的诊断、导向和激励作用。

第五节 ｜ 办学体制改革注入新的活力

办学体制改革始终是政府和社会各界关注的重点问题。2015年和2016年，全国人大常委会会议相继审议通过《教育法》《高等教育法》和《民办教育促进法》等一揽子教育法律修正案，2021年国务院修订了《民办教育促进法实施条例》，对进一步支持和规范民办教育发展发挥了重要保障作用。在国务院2016年颁布的《关于鼓励社会力量兴办教育　促进民办教育健康发展的若干意见》、教育部等若干部委出台的有关民办学校分类登记、营利性民办学校监督管理的配套文件，以及各省区市政府出台的系列指导性政策的引领下，行业企业参与联合办学、政府购买教育服务、混合所有制改革等办学形式更加多样，国家积极推动国家民办教育综合改革试点项目的开展和落实，一些民办教育发展关键领域的改革取得重要突破，办学活力得到进一步增强。中共中央办公厅、国务院办公厅还对规范校外培训行为做出相应政策规定。

一、民办教育成为教育事业重要组成部分

民办教育资源总量实现快速增长，全国各级各类民办学校和在校生规模均有大幅增加，从2020年学历在校生（在园儿童）占全国总数的比例来看，民办教育的普通本专科、中职学校、普通高中、初中、小学、幼儿园分别为24.1%、15%、16.1%、14.6%、9.0%、49.4%。[①]2011年5所民办院校获得专业硕士学位授予权。据不完全统计，全国民办学校资产超过5000亿元，年教育财政贡献1500亿元以上，为社会提供了300多万个就业岗位，对地方经济社会发展起到了积极促进作用。

1. 公共财政扶持民办教育长效机制初步建立

公共财政扶持民办教育的政策环境进一步改善。2021年，全国共有26个省区市出台了扶持民办教育发展的地方性法规或政策性文件，25个省区市设立了扶持民办教育发展专项资金或安排资金扶持民办教育。民办教育得到越来越多的公共财政支持。广东省深圳市出台政策，确定城市教育费附加收入的15%用于扶持民办教育发展，设立民办教育发展专项资金，纳入财政年度教育经费预算。民办教育内涵建设项目成为政府扶持的重点。如陕西省、上海市等省市实施了民办学校"强师工程"项目。上海市自2012年起，每年投入2000万元财政专

---

① 教育部. 2020年全国教育事业发展统计公报［EB/OL］.（2021-08-27）［2022-02-10］. http://www.moe.gov.cn/jyb_sjzl/sjzl_fztjgb/202108/t20210827_555004.html.

项资金，加强对民办高校青年教师和管理干部的集中培训，支持民办高校青年教师开展海外研修、产学研实践。

2．民办学校分类管理改革取得突破

明确了民办学校分类管理办法。非营利性的全日制民办学校按照民办非企业法人或事业单位法人进行登记管理，营利性的全日制民办学校按照公司制企业法人进行登记管理。政府购买教育服务机制初步建立。对非营利性民办学校，以落实教师社会保障政策、足额缴纳教师社会保障费的单位应缴部分，以及落实当地民办学校教师最低工资制度和相应会计制度为前置条件，根据民办学校在校生人数，按当地上年度生均教育事业费的一定标准进行补助。民办学校土地、税费等得到政策优惠。非营利性民办学校的用地，可以通过行政划拨的方式提供土地使用权；营利性民办学校的用地，原则上以有偿出让方式供地。非营利性民办学校依法享有公办学校同等的税费优惠政策；对于营利性民办学校学历教育劳务所得的收入免征增值税，企业所得税按照国家有关规定执行。①

3．政府对民办教育统筹规划管理明显加强

目前，已有11个省级教育行政部门设立了专门的民办教育管理机构。自从2008年中国民办教育协会成立以来，已有25个省域组建了省级民办教育协会。2012年教育部发布《关于鼓励和引导民间资金进入教育领域促进民办教育健康发展的实施意见》，教育部积极推进民办高校招生计划自主权改革，给予试点省份一定的招生计划调整权和一定

---

① 董圣足．民办学校"关联交易"的规制与自治［J］．复旦教育论坛，2018，16（04）：30-36．董圣足，戚德庆．新政背景下民办学校分类转设的困局与出路——基于浙江温州的实践探索及思考［J］．现代教育管理，2020（09）：38-45．

范围的专业设置权。各级政府加强了对民办高等学校党的领导工作，形成了具有我国及地方特色的民办高等学校督导制度。民办学校财务会计管理制度试点取得成效，专门适用于民办中小学以及民办高校的财务会计制度得以建立。各地相继建立了民办高校学费专户和政府扶持资金专户管理制度，民办高校财务监管平台和民办高校学费收入信息管理系统得以完善。一些地方对民办非学历教育机构，建立了学费专户管理及办学风险保证金制度。

二、各级各类教育办学形式更加灵活多样

1. 行业企业积极参与公办学校办学

2014年国务院相继发布《关于加快发展现代职业教育的决定》和《关于创新重点领域投融资机制鼓励社会投资的指导意见》，强调要创新社会资本参与教育的形式。近年来，各类学校，特别是职业院校把加强与行业、企业的合作作为学校转型发展的重要策略，积极探索不同类型的合作办学模式，取得了初步成效。如重庆工商职业学院成立了由25家企事业单位、行业协会组成的"政行企校"合作发展理事会，组建了校企合作产业基地，实现了校企的深度融合。中共中央办公厅、国务院办公厅2021年印发的《关于推动现代职业教育高质量发展的意见》要求，健全多元办学格局。构建政府统筹管理、行业企业积极举办、社会力量深度参与的多元办学格局。健全国有资产评估、产权流转、权益分配、干部人事管理等制度。鼓励上市公司、行业龙头企业举办职业教育，鼓励各类企业依法参与举办职业教育。鼓励职业学校与社会资本合作共建职业教育基础设施、实训基地，共建共享公共实训基地。

2．多种形式的联合办学和合作办学不断试验

在义务教育阶段的办学体制改革试验，主要有学校联盟、学区化管理以及集团化办学等形式。其中，集团化办学就是以校产和教育教学为纽带，通过校产重组、人员互派、管理输出和连锁办学等形式，不同学校组成相对独立的办学实体。在非义务教育阶段的办学体制改革试验，职业教育领域相对较为活跃。根据国务院2014年印发的《关于加快发展现代职业教育的决定》的要求，各地开始探索发展股份制和混合所有制职业院校初步形成公办职业院校引入社会资本、民办职业院校引入国有资本、不同资本合作投资新办职业院校、公私合作新建共享等四种模式，政府和社会资本合作（PPP）模式取得一定进展。①

3．政府购买教育服务有序推进

在义务教育阶段，许多地方政府给承担义务教育阶段教育任务的民办学校拨付相应的生均经费，对进城务工人员随迁子女学校由政府提供部分或全部的办学经费。近年来，国家和地方还积极推进政府对普惠制民办幼儿园给予一定生均经费补助的政策。按照党中央、国务院2018年颁布的《关于学前教育深化改革规范发展的若干意见》关于2020年"普惠性幼儿园覆盖率（公办园和普惠性民办园在园幼儿占比）达到80%"的要求，教育部和各省区市出台配套政策，普惠性民办幼儿园呈现新的发展态势，一大批受政府资助的普惠性民办幼儿园涌现出来，2020年普惠性幼儿园在园幼儿占全国在园幼儿84.74%，普惠性幼儿园占全国幼儿园80.24%，如期实现"十三五"期末预期目标。

---

① 张力. 支持和规范民办教育、合作办学的基本导向［N］. 中国教育报，2020–04–02（006）.

4．委托管理试点改革逐渐深入

目前，各地积极探索委托管理办学形式，形成了全权委托管理和部分委托管理两种模式。全权委托管理是指教育部门和第三方签订委托协议，全权委托第三方管理学校。比如，上海市浦东新区政府与上海成功教育管理咨询中心签订协议委托管理东沟中学，管理中心从委派校长、输入教育理念、创新管理模式到培训教师、组织教学等全部实行自主管理，学校的办学成效由上海浦东教育评估中心进行评估。部分委托管理是将学校的日常管理权交由第三方管理，学校的人事权、财权等仍由教育部门管理。比如湖南长沙市望城区委、区政府与湖南师范大学附中签订联合办学协议，湖南师范大学附属中学派出一个管理团队，以先进理念和模式对星城实验中学进行管理。

第六节 │ 教育对外交流合作不断拓展

教育对外交流合作适应国家发展需要，开放形式不断拓展，引进国外教育资源更加积极主动、目标更加清晰，双向留学规模明显扩大、优秀人才培养能力明显提高，对外开放水平和教育质量有新的提升，中国教育的国际地位和影响力进一步增强。

一、多层次宽领域教育合作交流格局基本形成

1．中外人文交流机制成为教育开放新渠道

中俄人文合作委员会机制、中美人文交流高层磋商机制、中英高级别人文交流机制和中欧高级别人文交流对话机制、中法高级别人文交流机制等相继建立，标志着基本覆盖全球教育发达地区、与联合国

其他四个常任理事国的高级别人文交流机制业已形成。这些高级别人文交流机制的建立，既与政治互信、经贸合作一道成为对外关系健康发展的第三大支柱，也为教育开放开辟了更多有效渠道。此外，我国还积极推动建立中国印尼副总理级人文交流机制、中英教育部部长峰会、中法教育混委会和中国—东盟、中国—阿拉伯、中非、中日韩等教育合作平台，构建中国与欧盟、德国、美国、泰国、爱尔兰、芬兰、荷兰等国教育政策对话平台，开辟中国—拉美教育交流大平台，建立中乌（克兰）、中白（俄罗斯）教育合作分委会机制等，教育合作及政策对话平台更加丰富。我国教材教法、教育理念等开始走向并影响世界，连续举办七届中国国际"互联网+"大学生创新创业大赛，累计吸引121个国家和地区603万个团队、2533万名学生参赛，中国教育越来越吸引世界的关注。①

2．在国际组织的教育活动中发挥重要作用

我国在联合国教科文组织的地位和影响逐步提升。2014年3月27日习近平主席访问联合国教科文组织总部，发表以文明交流互鉴为主题的重要演讲，明确指出，我们要积极发展教育事业，通过普及教育，启迪心智，传承知识，陶冶情操，使人们在持续的格物致知中更好认识各种文明的价值，让教育为文明传承和创造服务。演讲阐明了中国教育的历史使命以及中国参与国际事务的积极态度，受到成员国的重视。我国教育部代表2013年当选联合国教科文组织第37届大会主席，这是我国代表首次当选该组织大会主席并以主席身份参与该组织顶层治理。我国与该组织签订协议，每年派遣1～2名青年专业人员和20

① 怀进鹏.胸怀国之大者 建设教育强国 推动教育事业发生格局性变化［N］.学习时报，2022-05-06（01）.

名实习人员到该组织工作。近年来，我国积极承办了国际职业技术教育大会、世界学前教育组织国际学术研讨会、首届国际学习型城市大会、首届世界语言大会、首届国际教育信息化大会、第四届亚欧大学校长会议等国际高端教育会议，凸现我国和我国教育发展的影响力。筹组金砖国家大学联盟，成立APEC高等教育研究中心，参与上海合作组织大学建设，提升了我国在教育领域国际话语权和影响力。

二、引进国外教育资源更加积极主动

1．建成一批高水平、示范性中外合作办学机构和项目

根据国务院《中华人民共和国中外合作办学条例》和教育部《中华人民共和国中外合作办学条例实施办法》，从世纪之交到2020年，我国中外合作办学毕业生累计超过150万人，高质量中外合作办学项目持续增多，国内外高校合作办学积极性不断增强。习近平总书记在2018年上海首届中国国际进口博览会开幕式上指出，加快教育等领域开放进程，特别是外国投资者关注、国内市场缺口较大的教育等领域也将放宽外资股比限制。2020年党中央、国务院印发《海南自由贸易港建设总体方案》，允许境外理工农医类高水平大学、职业院校独立办学，设立国际学校，推动国内重点高校引进国外知名院校举办具有独立法人资格的中外合作办学机构，教育部和海南省政府出台配套政策，推动教育开放迈开新步。

2．海外优秀人才来华从教的数量质量明显提升

目前，正在实施的海外名师项目和学校特色项目分别达到197个和150个，吸引了大批来华专家，惠及160余所非教育部直属高校。各地方政府也积极出台海外优秀人才引进计划，吸引了大量人才为国家

建设服务。2018年党中央印发的《深化党和国家机构改革方案》将科学技术部、国家外国专家局的职责整合，重新组建科学技术部，作为国务院组成部门。科学技术部对外保留国家外国专家局牌子，进一步加强国家对引进外国专家的统筹管理，实施更加积极、开放、有效的人才引进政策，优化人才服务保障体系。近年来，通过建立外国人来华工作、居留等有机衔接机制，尽快实现外国人来华工作管理服务全流程"一网通"办理，外国人在中国生活"一卡"畅行等措施。中国政府一视同仁为各国专家创造更多机会，将更加严格保护知识产权。

3. 中外合作办学监管机制更加健全

开发完成并上网运行了中外合作办学申报系统、评审系统、年度报告系统等，初步实现了"网上申报""一站式"审批机制，中外合作办学信息化管理基本建成。监管工作信息平台定期公布经教育部审批或复核的中外合作办学机构和项目信息，中外合作办学颁发境外学历学位认证注册系统已上线运行，各地加快了中外合作办学监管制度建设。教育部不断完善中外合作办学退出机制，2018、2019年共依法批准286个中外合作办学机构和项目终止办学，在批准终止的机构和项目中，大部分为经中外合作高校自愿协商并主动提出终止办学申请，还有部分存在优质教育资源引进不足、教学质量不高等问题，在教育部开展的中外合作办学评估工作中不达标而终止办学。

三、留学工作适应国家现代化和世界和平发展需要

1. 出国留学工作服务国家建设大局

我国已与188个国家和地区、46个重要国际组织建立了教育合作交流关系，与56个国家和地区签署了高等教育学历学位互认协议。在

新冠肺炎疫情全球蔓延之前，中国是全球最大的留学生源国，2019年出国留学人员达到71万人，当年回国留学人员为60万人，在海外的留学生约140万人。以"支持留学、鼓励回国、来去自由、发挥作用"新时代留学工作方针为指引，国家坚持综合运用国际国内两种资源，坚持人才培养和发挥作用并重，公费留学和自费留学并重，扩大规模和提高质量并重，依法管理和完善服务并重，留学人员服务与管理政策体系更加完善。完善出国留学选拔机制和自费出国留学资助制度，先后推出优秀本科生国际交流项目、国家公派硕士生项目、高校合作项目、国际区域问题研究及外语高层次人才培养项目、艺术类人才特别培养项目等国家公派出国留学项目，专门支持教育、文化、艺术、体育、新闻、国际问题等领域国际化人才培养。完善留学回国服务政策和平台，"千人计划""春晖计划"等项目得到留学人员的积极参与。"春晖计划"每年以多种形式资助近千名在外留学人员回国开展学术交流、科研项目合作洽谈等活动。留学回国人员科研启动基金资助留学回国人员开展科研活动。持续开展"春晖杯"中国留学人员创新创业大赛，越来越多海外留学人员和国内企业投身于创新创业活动。

2. "留学中国计划"扩大了来华留学规模

2018年，来自196个国家和地区的49.22万名留学人员（未毕结业生人数+当年新生人数－当年毕结业生人数），在31个省、自治区、在校生的高校和科研院所中学习。2019年，来华留学生超过50万人，学历生达54.6%；"一带一路"沿线国家留学生占54.1%。近年来，我国推出的留学中国计划，加大政府奖学金额度等措施成效显著，品牌知名度不断提升，来华留学的外国学生总数、生源国家和地区数、我国接收留学生单位数、中国政府奖学金生数等四项均创历史新高，来华留学生中的学历生比例稳步增加，中国已经成为亚洲最大、世界第三大留学目的地国。

四、我国教育的国际地位和影响力逐渐增强

1. 高水平教育机构海外办学迈出实质性步伐

我国高校在近50个国家举办了100多个不同类型和层次的境外办学机构和项目，包括厦门大学马来西亚分校、上海交通大学与新加坡南洋理工大学合作工商管理硕士（MBA）学位项目、浙江师范大学与新加坡智源教育学院合作学前教育专业教育硕士学位项目、中国传媒大学与马来西亚韩新新闻广播学院合作广播电视与新媒体硕士项目、云南师范大学在缅甸及泰国开展华文教师函授高等学历教育项目、北京语言大学与日本株式会社ISI合作举办东京学院本科教育项目等，为进一步扩大海外办学规模、提高办学水平积累了重要经验。目前，天津推动职教院校联手中资企业，在亚非欧19个国家和地区建设20家"鲁班工坊"，设立49个合作专业，累计培训超过万人，为"一带一路"建设和当地经济社会发展提供人力支持。国内部分教育科技集团与马来西亚英迪国际大学、泰国西那瓦国际大学等共建国际学院和"鲁班工坊"。近年来，中外合作举办的柬埔寨西港工商学院、吉布提鲁班工坊、阿尔及利亚中企工人培训中心都展现出蓬勃生机。[①]

2. 国外中文教育和中华文化传播功能进一步拓展

中国为促进外国学生和民众学习中文和了解中国文化，在140多个国家建立了516所孔子学院，1000多个中小学孔子课堂，以院长学

---

① 赵益普，邹松，周辋，俞懿春.加强职业教育交流 促进经济社会发展［N］.人民日报，2022-02-25（003）.

院、示范学院、网络学院"三院"建设为重点，提升办学质量，对汉语教学和中华文化传播发挥了积极作用。每年举办汉语桥世界大学生、中学生中文比赛，邀请汉语桥各国教育官员、大中小学校长及师生访华，亲身体验中华文化。国际汉语教育推广成绩显著，本硕博汉语国际教育专业在国内高校建立，有76个国家将中文纳入国民教育体系，其中非洲有16个国家，170多个国家开设汉语课程或汉语专业，中国以外累计学习使用中文的人数达2亿。[①]从长远看，各国年轻人学习中文能让自己把握更多发展机遇，已经成为海外"中文热"升温的持久动力。[②]

3. 教育对外援助向发展中国家展现了中国责任

积极为发展中国家培养优秀人才，中国对阿拉伯、东盟、拉美、南太、南亚及中亚地区国家提供的奖学金名额均有所增加，并开展教师培训和援外工作。2012年设立首批共42家国别和区域研究培育基地，启动"中国—教科文组织援非信托基金"等项目，涉及两批共14个项目国。我国与联合国教科文组织共同设立的孔子教育奖影响不断扩大，与该组织合作实施的长城奖学金数量增至75个。2014年，30余所教育部部属及地方院校与商务部共同面向发展中国家高端人才和青年骨干举办"发展中国家公共管理硕士项目"，已培养来自近百个国家的847名硕士人才，受到发展中国家普遍欢迎。教育部先后设立了10个教育援外基地，并委托这些基地为发展中国家举办了近100期研修

[①] 怀进鹏.胸怀国之大者 建设教育强国 推动教育事业发生格局性变化［N］.学习时报，2022-05-06（01）.

[②] 曹凯.非洲"中文热"不断升温的背后［N］.参考消息，2022-04-21（07）.杜鹃."中国是未来"日渐成为共识 汉语学习热在英国持续升温［N］.参考消息，2022-05-19（10）.

班。2012年和2014年，教育部联合外交部先后分两批成立了30个面向东盟的教育培训中心，帮助东盟国家培养经济社会发展所需人才。

关于党的十八大以来我国教育改革发展重大决策部署落实成效，中国教育科学研究院项目组2021年专题调研报告认为主要体现在四个方面：一是贯彻教育优先发展战略，切实推动教育保障水平迈上新台阶；二是全面落实教育高质量发展任务，切实推动教育发展迈向新阶段；三是坚持问题导向破解教育难题，切实推动教育改革释放新活力；四是完善改革发展落实机制，切实推动教育事业开创新局面。该报告以评估《国家中长期教育改革和发展规划纲要（2010—2020年）》主要目标任务完成情况为重点，整理分析了十年间文献数据资料，邀请专家学者和教育行政干部咨询论证。该报告对深入了解党的十八大以来我国教育改革基本面具有很好的参考作用。①

---

① 中国教育科学研究院.砥砺十年铸华章：中国教育改革发展报告（2010—2020年）［M］.北京：教育科学出版社，2021：261.

第二章　以立德树人为导向创新人才培养模式

培养什么人，怎样培养人，为谁培养人，是党和人民教育事业的根本问题。"国无德不兴，人无德不立"，立德树人关乎党的事业后继有人，关乎国家前途和民族命运。党的十八大以来，以习近平同志为核心的党中央始终坚持把立德树人作为教育的根本任务，充分体现了党和人民对教育千秋基业的殷切期望，集中反映了新时代中国特色社会主义教育理论和实践的重要创新，为创新人才培养模式指明了清晰的前进方向。

第一节 │ 立德树人根本任务的基本定位

一、坚持把立德树人作为教育根本任务的重要意义

立德树人，可分为立德与树人两个层次，"立德"为确立品德、树立德业，"树人"为培植成长、培养成才。立德树人的理念，可从数千年中华民族史和人类文明传统中找到绵延不绝的线索。①

"立德"典出《左传·襄公二十四年》："太上有立德，其次有立功，其次有立言，虽久不废，此之谓不朽。"其中，"立德"为树立高尚道德，"立功"是为国为民建立功绩，"立言"即提出真知灼见。后代文

---

① 张力. 纵论立德树人——教育的根本任务［J］. 人民教育，2013（01）：10-13.

人普遍认为，"三立"体现了儒家主张的最高人生理想，蕴含着为人、处事、成业的朴素道理，此为初始含义。然而，唐代经学家孔颖达注释《左传》："立德，谓创制垂法，博施济众，圣德立于上代，惠泽被于无穷。"意为：要为社会创建做人准则或为国家创建律法，目的是为了民众，在实施中也要与民众融合在一起。如同以往圣人们所创立的"德"，给民众带来很大恩惠。这显然是针对治国理政而言的，论及法治与德治的关系，拓宽了立德的意义。至于"树人"，出自西汉编修的《管子·权修》："一年之计，莫如树谷；十年之计，莫如树木；终身之计，莫如树人。"但《管子·权修》全篇纵论治国与治民关系，其树人之意，重在形成礼义廉耻，多为规法、教训、赏罚，不全同于现代意义上的教育行为，后人将其逐渐衍伸为人的成长成才之意。

中国共产党领导全国各族人民奋斗百年，走出一条符合基本国情、顺应人民意愿的中国特色社会主义教育发展道路，在弘扬中华优秀传统文化、积极吸收各国优秀文明成果的基础上，立足新世纪新阶段中国教育改革发展的实际，赋予立德树人以深刻的理论内涵和全新的时代特征。党的十八大报告明确要求"把立德树人作为教育的根本任务"。党的十八大以来，习近平总书记多次到大中小学幼儿园与师生座谈以及给师生回信，深入阐述了立德树人的丰富内涵，在多次会议的重要讲话中，围绕立德树人根本任务不断提出新的更高要求。

中国共产党教育方针的沿革和人民教育事业发展史清晰地表明，立德树人是党对人民教育事业所坚持的一贯主张，是党和人民对人才培养的根本要求。[①]坚持把立德树人作为新时代中国特色社会主义教育

---

① 中国教育科学研究院. 中国共产党教育方针百年历史研究［M］. 北京：教育科学出版社，中共党史出版社，2021：314-316，318-322，361-363. 张力. 从党的教育方针看中国共产党的初心与使命［N］. 中国教育报，2019-06-24（01）.

事业的根本任务，集中体现了党的十八大以来党的教育理论继往开来、与时俱进、开拓创新的进程，习近平总书记对教育事业做出了系列重要论述，深刻阐释了中国共产党对立德树人的基本要求、决策意图和实现方式，鲜明揭示了我国教育的社会主义性质与立德树人的质的规定性，从而进一步丰富和发展了中国特色社会主义教育理论。

2013年10月1日，习近平总书记在给中央民族大学附属中学全校学生的回信中，要求学校承担好立德树人、教书育人的神圣职责，着力培养造就中国特色社会主义事业合格建设者和接班人。

2014年5月4日，习近平总书记在北京大学师生座谈会上的讲话中要求，全国高等院校要走在教育改革前列，紧紧围绕立德树人的根本任务，加快构建充满活力、富有效率、更加开放、有利于学校科学发展的体制机制，当好教育改革排头兵。

2015年12月30日，习近平总书记在中央政治局第二十九次集体学习时强调，弘扬爱国主义精神，必须把爱国主义教育作为永恒主题。要把爱国主义教育贯穿国民教育和精神文明建设全过程。要深化爱国主义教育研究和爱国主义精神阐释，不断丰富教育内容、创新教育载体、增强教育效果。要结合弘扬和践行社会主义核心价值观，在广大青少年中开展深入、持久、生动的爱国主义宣传教育，让爱国主义精神在广大青少年心中牢牢扎根，让广大青少年培养爱国之情、砥砺强国之志、实践报国之行，让爱国主义精神代代相传、发扬光大。

2016年4月22日，习近平总书记在致清华大学建校105周年贺信中明确指出，办好高等教育，事关国家发展、事关民族未来。我国高等教育要紧紧围绕实现"两个一百年"奋斗目标、实现中华民族伟大复兴的中国梦，源源不断培养大批德才兼备的优秀人才。站在新的起点上，清华大学要坚持正确方向、坚持立德树人、坚持服务国家、坚持改革创新，面向世界、勇于进取，树立自信、保持特色，广育祖国和人民需要的各类人才，深度参与创新驱动发展战略实施，努力在创建世界一流大学方面走在前列，为国家发展、人民幸福、人类文明进步做出新的更大的贡献。

2017年5月3日，习近平总书记在中国政法大学考察时强调，全面推进依法治国是一项长期而重大的历史任务，要坚持中国特色社会主义法治道路，坚持以马克思主义法学思想和中国特色社会主义法治理论为指导，立德树人，德法兼修，培养大批高素质法治人才。

2018年9月10日教师节，习近平总书记在全国教育大会上明确指出，在实践中，我们就教育改革发展提出一系列新理念新思想新观点，主要有以下几个方面：坚持党对教育事业的全面领导，坚持把立德树人作为根本任务，坚持优先发展教育事业，坚持社会主义办学方向，坚持扎根中国大地办教育，坚持以人民为中心发展教育，坚持深化教育改革创新，坚持把服务中华民族伟大复兴作为教育的重要使命，坚持把教师队伍建设作为基础工作。这是我们对我国教育事业规律性认识的深化，来之不易，要始终坚持并不断丰富发展。习近平总书记在重要讲话中特别强调，要努力构建德智体美劳全面培养的教育体系，形成更高水平的人才培养体系。要把立德树人融入思想道德教育、文化知识教育、社会实践教育各环节，贯穿基础教育、职业教育、高等教育各领域，学科体系、教学体系、教材体系、管理体系要围绕这个目标来设计，教师要围绕这个目标来教，学生要围绕这个目标来学。凡是不利于实现这个目标的做法都要坚决改过来。要深化教育体制改革，健全立德树人落实机制，扭转不科学的教育评价导向，坚决克服唯分数、唯升学、唯文凭、唯论文、唯帽子的顽瘴痼疾，从根本上解决教育评价指挥棒问题。要深化办学体制和教育管理改革，充分激发教育事业发展生机活力。

2019年3月18日，习近平总书记在学校思想政治理论课教师座谈会上强调，办好思想政治理论课，最根本的是要全面贯彻党的教育方针，解决好培养什么人、怎样培养人、为谁培养人这个根本问题。新时代贯彻党的教育方针，要坚持马克思主义指导地位，贯彻新时代中国特色社会主义思想，坚持社会主义办学方向，落实立德树人的根本任务，坚持教育为人民服务、为中国共产党治国理政服务、为巩固和发展中国特色社会主义制度服务、为改革开放和社会主义现代化建设服务，扎根中国大地办教育，同生产劳动和社会实践相结合，加快推进教育现代化、建设教育强国、办好人民满意的教育，努力培养担当民族复兴大任的时代新人，培养德智体美劳全面发展的社会主义建设者和接班人。

2020年9月22日，习近平总书记在教育文化卫生体育领域专家代表座谈会上强调，教育是国之大计、党之大计。"十四五"时期，我们要从党和国家事业发展全局的高度，全面贯彻党的教育方针，坚持优先发展教育事业，坚守为党育人、为国育才，努力办好人民满意的教育，在加快推进教育现代化的新征程中培养担当民族复兴大任的时代新人。要坚持社会主义办学方向，把立德树人作为教育的根本任务，发挥教育在培育和践行社会主义核心价值观中的重要作用，深化学校思想政治理论课改革创新，加强和改进学校体育美育，广泛开展劳动教育，发展素质教育，推进教育公平，促进学生德智体美劳全面发展，培养学生爱国情怀、社会责任感、创新精神、实践能力。

2021年3月6日，习近平总书记在看望参加政协会议的医药卫生界教育界委员时强调，要着力构建优质均衡的基本公共教育服务体系。要从党和国家事业发展全局的高度，坚守为党育人、为国育才，把立德树人融入思想道德教育、文化知识教育、社会实践教育各环节，贯穿基础教育、职业教育、高等教育各领域，体现到学科体系、教学体系、教材体系、管理体系建设各方面，培根铸魂、启智润心。

2022年4月25日，习近平总书记到中国人民大学考察调研，强调"培养什么人、怎样培养人、为谁培养人"始终是教育的根本问题。要坚持党的领导，坚持马克思主义指导地位，坚持为党和人民事业服务，落实立德树人根本任务，传承红色基因，扎根中国大地办大学，走出一条建设中国特色、世界一流大学的新路。广大青年要做社会主义核心价值观的坚定信仰者、积极传播者、模范践行者，向英雄学习、向前辈学习、向榜样学习，争做堪当民族复兴重任的时代新人，在实现中华民族伟大复兴的时代洪流中踔厉奋发、勇毅前进。

2022年7月12日，习近平总书记到新疆大学考察调研，强调育人的根本在于立德。要坚持社会主义办学方向，培养德智体美劳全面发展的社会主义建设者和接班人。希望同学们做为中国特色社会主义、为中华民族努力奋斗的一代青年。

习近平总书记关于立德树人的系列重要论述，高屋建瓴、思想深刻、内涵丰富、立意深远，已经全面系统地融入党和国家的宏观政策和规划文件之中，从党的十八大以来历次中央全会文件，党的十九大、二十大报告，到党中央、国务院关于教育现代化的中长期规划，再到中共中央办公厅、国务院办公厅以及各部委各省区市的指导性政策文件，直至各级各类学校和教育机构的规划计划，坚持把立德树人作为教育的根本任务，紧密配合全面贯彻党的教育方针，如同一条红线贯穿始终。[①]总体来看，有以下三个方面要义：

第一，立德树人的核心目的，就是要全面贯彻党的教育方针，坚持社会主义办学方向，始终牢记为党育人的初心，坚定为国育才的立场，以树人为核心，以立德为根本，坚持育人的根本在于立德，把立德树人的成效作为检验学校一切工作的根本标准，在加快教育现代化、建设教育强国的进程中，培养德智体美劳全面发展的社会主义建设者和接班人。

第二，立德树人的总体要求，就是要着力提高学生服务国家、服务人民的社会责任感、勇于探索的创新精神和善于解决问题的实践能力，发挥教育在培育和践行社会主义核心价值观方面的基础作用和引领作用，把培育和践行社会主义核心价值观和把增强学生社会责任感、创新精神、实践能力贯彻到国民教育全过程，融入社会发展各方面，培养担当民族复兴大任的时代新人。

第三，立德树人的实践途径，就是要健全学校家庭社会协同育人机制，形成培育和践行社会主义核心价值观的社会氛围，切实凝聚全党全社会更大合力。立足基本国情和发展素质教育的大局，锐意改革，守正创新，形成全员全程全方位育人的体制机制和良好环境。[②]

二、以立德树人为导向创新人才培养模式的实践探索

在中国特色社会主义进入新时代、我国社会主要矛盾已经转化为

---

① 本书编写组. 习近平总书记教育重要论述讲义［M］. 北京：高等教育出版社，2020：43-70.

② 张力. 健全学校家庭社会协同育人机制的宏观政策导向［N］. 中国教育报，2020-11-19（006）.

人民日益增长的美好生活需要和不平衡不充分的发展之间的矛盾这一宏观背景下，创新人才培养模式，必须全面贯彻党的教育方针，坚持以立德树人为导向，坚定社会主义办学方向，培养和践行社会主义核心价值观。在学校教育系统创新人才培养模式，关键在于端正政治方向，明确指导原则，创建有利于实现培养目标的课程教学体系，科学设计一整套管理体制和制度，构建有效的评估激励机制。①

一是以立德树人为导向创新人才培养模式，必须立足教育是国之大计、党之大计的全局。

习近平总书记深刻地指出，教育是国之大计、党之大计。培养什么人，是关于教育目标的首要问题。我国是中国共产党领导的社会主义国家，这就决定了我们的教育必须把培养社会主义建设者和接班人作为根本任务，培养一代又一代拥护中国共产党领导和我国社会主义制度、立志为中国特色社会主义奋斗终身的有用人才。这是教育工作的根本任务，也是教育现代化的方向目标。习近平总书记的重要论述，为准确把握以立德树人为导向创新人才培养模式的政治方向和指导原则，具有非常重要的指导意义。

青少年是祖国的未来，他们的价值观正处于形成和确立时期，需要学校正规的教育引导，他们的价值取向和理想信念决定了我国未来的价值取向、思想意识和社会风气。社会主义核心价值观传承着中国优秀传统文化的基因，体现着社会评判是非曲直的标准，是青少年积极向上、成为社会主义建设者和接班人的必要信念。在复杂多变的国内国际经济社会的环境中，我国学校教育、家庭教育、社会教育必须

---

① 史秋衡，王爱萍．立德树人的历史责任与路径设计［J］．中国高等教育，2018（24）：4-6.

协同发力,坚定不移地进行理想信念教育,更好发挥在培育践行社会主义核心价值观中的基础性作用,不断增强学生的中国特色社会主义道路自信、理论自信、制度自信、文化自信,激励学生立志肩负起民族复兴的时代重任。

根据习近平总书记关于要在坚定理想信念、厚植爱国主义情怀、加强品德修养、增长知识见识、培养奋斗精神、增强综合素质上下功夫的重要论述,以立德树人为导向创新人才培养模式,首要任务就是加强党对教育事业的全面领导,巩固马克思主义的指导地位,深入开展习近平新时代中国特色社会主义思想学习教育,推进马克思主义理论研究和建设工程,加强党史、新中国史、改革开放史、社会主义发展史教育,加强爱国主义、集体主义、社会主义教育,弘扬党和人民在百年奋斗各个历史时期中形成的伟大精神,深化民族团结进步教育,铸牢中华民族共同体意识,推进学校思想政治理论课创新,完善青少年理想信念教育齐抓共管机制,增强学生文明素养、社会责任意识、实践本领、创新精神、法治观念,注重培养学生支撑终身发展、适应时代要求的关键能力,即认知能力、合作能力、创新能力、职业能力。

二是以立德树人为导向创新人才培养模式,需要把握好一系列关键环节。

习近平总书记在全国高校思想政治工作会议上明确指出,思想政治工作从根本上说是做人的工作,必须围绕学生、关照学生、服务学生,不断提高学生思想水平、政治觉悟、道德品质、文化素养,让学生成为德才兼备、全面发展的人才。党中央、国务院发布的《中国教育现代化2035》明确要求,全面落实立德树人根本任务,广泛开展理想信念教育，厚植爱国主义情怀，加强品德修养，增长知识见识，培养奋斗精神，不断提高学生思想水平、政治觉悟、道德品质、文化素养。增强综合素质，树立健康第一的教育理念，全面强化学校体育工作、全面加强和改进学校美育，弘扬劳动精神，强化实践动手能力、合作能力、创新能力的培养。完善教育质量标准体系，制定覆盖全学段、体现世界先进水平、符合不同层次类型教育特点的教育质量标准，明确学生发展核心素养要求。加强课程教材体系建设，科学规划大中小学课程，分类制定课程标准，充分利用现代信息技术，丰富并创新课程形式。

深入贯彻习近平总书记关于立德树人的重要论述，深刻领会党中央和国务院关于从现在起到2035年全面落实立德树人根本任务的总体要求，可以看到学校教育系统落实立德树人根本任务，集中在五大关键环节：一是明确学生发展核心素养要求；二是完善教育质量标准体系；三是健全课程教材开发使用；四是加强教育教学实训实践；五是强化过程/结果的督导监测和评价评估。其中，各级各类学校及课堂是以立德树人为导向创新人才培养模式的主阵地之一，而课程建设则是立德树人的主要载体。在课程建设上，应当注重课程之间在立德树人上的协同效应。在课程之间的协同方面，需要重点考虑以下几个问题，

第一，把党的教育方针和社会主义核心价值观贯穿于大中小学各学科课程标准、教材编写、考试评价、核心素养体系，使其成为有机统一的整体。依据学生身心发展规律，加强小学和初中德育的衔接、基础教育和高等教育之间的衔接、中小学德育和高校思想政治教育的衔接、本科生和研究生思想政治课程之间的衔接等。

第二，增强德育和思想政治理论课程中理论与实践的衔接，通过

案例分析和实践环节等方式，让学生更好理解并坚持马克思主义、社会主义核心价值观。同时，加强思想政治课程和专业课程两类课程之间的合力，在学科课程和专业课程上有效融入社会主义核心价值观教育，使各类课程与德育和思想政治理论课同向同行。

第三，促进传统与现代教学手段相协同，注重显性课程和潜在课程之间、第一课堂、第二课堂和第三课堂之间的有机联系，既要用好课堂教学的主渠道，也要融入校园生活的各方面，探索德育生活化，思想政治教育通俗化，课上课下、校内校外、线上线下全覆盖，健全学校家庭社会协同育人机制，充分利用生动鲜活的现代化教学手段，综合运用讲解式、阅读式、讨论式、辩论式、实践式等教学方法，加强多种教学方法的协调运用，激发学生学习的兴趣和热情。

总之，要用马克思主义基本立场、观点、方法来衡量各门学科课程、专业课程的建设情况，在意识形态问题上要有坚定的立场；要注重德育和思想政治课程在不同学段的衔接研究，促进学生拥有系统的价值观体系；要注重理论与实践联系，帮助学生在实践中用正确的价值观分析问题、解决问题，努力做到内化于心、外化于行。

三是以立德树人为导向创新人才培养模式，需要健全思想政治教育和道德教育的长效机制。

在普通中小学，建立由校长、德育处、年级组、班主任、教师、少先队等密切配合的立德树人的工作体系，统一思想和认识，上下贯通一致，通过建立领导和工作小组、实施项目、制定规划、召开小组研讨会等多种手段研究德育方法和途径，探索把德育工作融入课堂教学。有计划地培训校长、德育干部、班主任，定期组织"班主任沙龙"活动或者例会。

在高等学校和职业院校，设置意识形态工作领导小组，校党委常委会组织专题学习并研究意识形态工作，建立定期议事制度，以弘扬社会主义核心价值观，传播正能量，定期研判学校意识形态形势和重点问题，及时处置意识形态领域存在的问题。重视学生处、团委等部门的学生工作，通过全校性的学生活动加强思想政治教育和道德教育。强化二级学院党委政治核心作用，加强教师党支部、学生党支部建设，明确规定教师党支部的设置组成、职责要求及组织生活的次数、内容、形式。

基层党支部要由思想先进并且学术能力强的人担任，实施教师党支部书记"双带头人"培育工程。成立学生发展指导委员会，强化学生思想政治教育和道德教育。在考核时，结果评价与过程评价相结合，强化监督。实施思想政治教育名师培养计划，打造思想政治教育的道德教育名师工作室。成立校教材建设与选用工作领导小组，由党政主要负责人和学术带头人分别担任正副组长，确保教材在加强社会主义核心价值观教育中发挥作用。

从正面引导和针对问题进行教育两方面着手，成立师生宣讲团，组建以辅导员、思政课教师和学生工作干部为主体的网络思政工作队伍，以教师为主力组建网络引导队伍，在热点事件中积极发声、主动发声，通过集体活动和建设网络思想政治教育平台，推进线上线下相结合，思想政治工作传统优势和信息技术高度融合起来，培育优秀网络文化；同时还要成立舆情研究中心，成立立德树人项目组、规划组，调研学生思想状况，为学校党委研判、部署思想政治工作提供信息支撑。

加强教育系统的思想政治教育和道德教育，既要体现为自上而下有组织的指导，也要依托自下而上的情况反映和反馈，精心设计的学生组织将在自下而上的学习和信息反馈过程中起重要作用。因此，在建立党的基层组织的基础上，可以在学生公寓设立党团活动室、党员工作站，在学生社团组织中设立党团小组，成立学生党校，使学生思想政治工作在系统组织的保障下有效地发挥持续的作用。同时，要注重在学生学术组织、社团组织等活动中融入思想政治教育。

四是以立德树人为导向创新人才培养模式，需要完善教师队伍评价激励机制。

学校教师既是知识的传授者，又是道德言行的引导者，教师无论是课上还是课下的一言一行都会对学生产生较大影响，必须持之以恒地加强师德师风建设。学校教师只有弘扬正能量，不传播错误观念，以身作则，行为示范，才能成为一名合格教师，促进学生的德智体美劳全面发展。而完善科学有效的评价激励机制，是促进教师坚定立德树人理念和行动的重要支撑，对激发教师积极性具有积极促进作用。为此，需要抓好五个关键环节：一是准入制度，二是过程性考核体系，三是激励机制，四是第三方评价，五是师德监督。

在第一个环节，要严格教师资格准入，筑牢制度建设的保障。在招聘时，既注重知识、教育教学能力水平、学术水平，又重视师德师风，教师必须具有德才兼备的基本条件。

在第二个环节，要健全考核评价制度。在过程性考核评价中，明确把思想政治表现作为教师评聘的首要标准，作为专业技术职务评聘、职务晋升、人才遴选、评优奖励、薪金定级等的重要依据。除了考核教学成绩和科研业绩，还要对师德师风、教师的思想意识状态、教师的言传身教给予充分的关注，注重教师既教书又育人，既授业又传道，实行师德"一票否决"。同时，考核本身也是促进教师坚定立德树人信念，把师德内化为自觉的价值追求的过程。

在第三个环节，对于师德和言行表现突出的教师要给予精神和物质的激励，大力宣传师德师风典型和教书育人楷模，强化榜样引领。为此，无论在表彰的频次上，激励的人员数量、范围上，还是给予的荣誉级别上，都要加大力度，并从中遴选出先进事迹，予以充分的报道，在各种媒体、自媒体上宣传。要建立教师国家荣誉制度，大力宣传先进教师典型，切实推进师德师风建设。

在第四个环节，要健全第三方评价机制，依托资深评价机构，增强评价的专业性、独立性和客观性。第三方评价有利于摒弃人际亲疏关系因素，排除利益相关者之间的博弈，从客观事实出发，就事论事，有利于较为公正地给予评判。

在第五个环节，强化师德监督。建立师德投诉举报平台，在校园网增设师德投诉举报信箱，及时掌握师德信息动态，以及时预防纠正师德失范行为。坚持不懈地对教师加强理想信念培训教育，对那些存在违反师德言行的教师必须严肃处理。

第二节 | 强化考试招生育人导向的制度创新

2017年党中央、国务院出台《关于加强和改进新形势下高校思想政治工作的意见》，明确提出要坚持全员、全程、全方位育人，把思想价值引领贯穿教育教学全过程和各环节。考试招生是教育过程不可分割的重要组成部分，考试具有评定与选拔、诊断与反馈、提高与预测、导向与激励等教育功能，是学生、家长和教师最重视的教育环节；招生过程是帮助学生认识自己、认识学校和社会进而做出明智选择的关键环节，正是立德树人的得力处、用力处；学生成长过程中对成功与挫折、耕耘与收获、竞争与合作、比较与选择等的认识大多与考试和升学有关。所以，不应仅仅将考试招生作为检测学生知识能力、升学选拔的工具，而应该充分挖掘、高度重视考试招生的育人功能，发挥考试招生的"指挥棒"作用，导之以正，立德树人，为构建全民终身学习的学习型社会准备基础条件。

一、秉持诚信为本理念创新考试过程制度

考试通常是要求学生在规定的时间完成特定的任务并争取获得最好的成绩。考试以及准备考试的过程，不仅可以"测出"学生的知识、能力，也可以培养学生的诸多思想道德和个性品质，例如珍惜时间、细致认真、积极竞争、沉着应对、面对失败等。而在诸多与考试招生有关的品质中，最基本的要求是"诚信"，因而也最应该通过考试培养学生的诚信品质。"诚于己，信于人"，中华传统文化一贯重视"诚意正心"；"诚信"也是社会主义核心价值观之一，诚信是一个人的立身之本。在现代社会，不论是市场交易还是社会交往、政治生活，都迫切呼唤诚信美德。诚信教育应该体现在学校教育的全过程和各个方面，而考试过程则最能培养和检验学生的诚信品质。

对于考试诚信的要求和养成，至少有两种不同层次。最基本的要求是自觉遵守考试纪律，即迫于考试纪律而被动的"诚于纪"。考风考纪对考试舞弊做出了预先警告和惩罚威胁，面对外部的惩罚威慑，学生将树立起规则意识；经过长期训导以及耳闻目睹对考试舞弊的严肃处理，学生将从担心作弊受到惩处的"趋利避害"转变为放弃"侥幸心理"，自觉遵守考试纪律。更进一步的要求是发自内心的"诚于己"。

真正的"诚"是"诚于己""毋自欺"。考试是为了检测学生的学习状况，只有诚于己，才能通过考试客观地认识自我，准确了解自己的学习状况，找出问题、差距并有针对性地加以改善。准确评价自己的成就与不足，有的放矢、虚心学习才能让人保持进步。同样的道理，不仅在考试过程中需要诚于己，在高利害性的招生环节同样需要诚于己，只有如实提交学习成绩和相关材料信息并对自己做出中肯的评价，才能真正有助于招生人员准确了解学生的个性与特长，进而做出正确的学业选择；否则，就很可能是"自欺欺人"。

　　然而，在现实生活中，诚信问题始终伴随考试招生过程而存在，最常见的就是各种形式的舞弊以及招生中的材料作假，更恶劣者甚至出现高科技舞弊、集体舞弊、教师帮助学生作假等。中小学校内考试期间，通常对舞弊行为予以取消成绩、纪律处分乃至开除学籍等严厉的惩治措施，高校还将舞弊行为与学术规范挂钩，考试舞弊一旦被查实，将取消学生获得学历学位的资格，国家考试更是通过法律法规将舞弊定性为行政违法甚至犯罪行为，运用行政乃至刑事处罚惩处违纪考生。

　　学生考试舞弊，与普遍存在的功利心理、侥幸心理与从众心理密切相关。[①] 为了功利的目标，基于或许可以蒙混过关和"法不责众"的侥幸心理从而在考试中舞弊，是一种心智发展极不成熟的体现；另一方面，如果教育者一味地寄希望于靠严厉惩罚威胁减少考试舞弊，在现实中将导致舞弊考生和监考员之间的"猫捉老鼠"游戏逐步升级，不利于学生心智的自主成长。因此，在考试诚信建设的过程中，考试

---

① 冯晓玲. 大学生考试舞弊现象的归因与对策分析［J］. 考试研究，2009（02）：60-67+115.

的组织方应当充分地强化考试育人的作用，不仅出于考务工作的顺利开展从而制定防止舞弊的举措，更应当把考试和考风考纪建设作为一种典型的教育过程加以重视。考风考纪和招生诚信也是诚信教育成果的体现，无人监考的"诚信考场"和值得信赖的"免检材料"，应该成为考试招生育人追求的目标。

二、沿着德才兼备方向改进成绩评定制度

　　教育考试通常具有评定与选拔、诊断与反馈、提高与预测、导向与激励等多种功能。[①]考试成绩不仅是对学生进行评价、选拔、奖惩的基本依据，也是学生对学习状况进行自我判断和调整的重要参考，如何在考试的基础上对学生进行合理的评价具有重要的现实意义。

　　考试成绩的取得受各种因素影响，包括天赋、师资、环境条件、偶然因素等。不同的人取得同一成绩的难易程度不同，同一成绩也可以透视不同学生勤奋、刻苦等品质的高低。可见，分数本身并不重要，重要的是基于分数的"评价"。应该对不同的学生予以不同的评价和不同的教育引导：对聪慧的同学，要不断提出更高的要求，鼓励他们挑战自我，不满足于班级、学校的排名，而要在更大的范围脱颖而出，为更长远的发展奠基；对天赋较低的同学，要充分鼓励和肯定他们的努力；对条件艰苦地区的同学，要充分肯定并鼓励他们克服困难的品质。在任何一次考试中，都不仅有"成绩优异"者，还应该有"进步显著"者和"刻苦勤奋"者。也就是说，对学生的评价，不能只是重视学习结果，还应该特别重视学习过程及其蕴含的良好品德

---

① 庞忠荣，田友谊.教育考试的异化与回归［J］.中国考试，2012（11）：40-46.

养成。

　　按照统一的考试和分数标准，成绩优秀者永远只是少数，如果从刻苦、努力、勤奋、进步等方面进行评价，则每个人都可以获得应有的积极的激励，因为这些品质是每个人都有可能做到，也应该做到的。因此，应该通过考试之后的评价，不断激发出学生在学习生活中的主动精神与奋发图强的行动，鼓励每个人充分发挥自己的潜力，取得自身天赋和外在环境条件下最好的成绩。同时，还应该不断引导学生正确分析考试成绩的成因。不能引导学生怨天尤人，把考试失败归罪于他人和外部环境，而应该鼓励他们多从自身找原因，以不断反思总结，不断进步。"一分耕耘，一分收获""勤奋刻苦""坚忍不拔"本身就是学生成长中最重要的收获，这种品德习惯对学生进一步的学习和终身发展都是极其宝贵的财富。要通过考试和评价，让学生充分认识到骄傲自满、不思进取、投机取巧、侥幸过关等都是个人成长中的大忌。

　　基于以上认识可以发现，当前学校教育中普遍存在忽视考试评价育人功能的倾向，主要表现在：重视分数而不重视评价，重视横向排名忽视纵向变化，重视分数体现的知识能力而忽视学习过程体现的品德，重视对过去的评价而忽视对未来的预测和引导。这些做法无异于买椟还珠，抓住了枝叶却丢掉了评价育人这一根本。

　　为了充分发挥考试的评价、诊断和导向等育人功能，需要从平时的考试中就打破"唯分数论"，尽可能地减少对学生成绩的简单排名，要注重过程性评价、诊断性评价、个性化评价，立足于分析问题、解决问题，促进每一位学生的充分发展。当然，要充分发挥考试的评价、诊断和导向功能，就必须加强考试研究，提高出题、组卷的科学性，在试题中体现对学生知识、能力和品德的要求的引导，因此，提升教师尤其是专门考试机构人员专业化程度，也是加强考试育人的必然要求。教育部考试中心2020年研制的《中国高考评价体系》，试图正面回答"为什么考、考什么、怎么考"这些考试本源性问题，从而给出"培养什么人、怎样培养人、为谁培养人"这些教育根本问题在高考领域的答案。其中就突出强调将立德树人根本任务融入考试评价全过程，以实现高考评价目标与素质教育目标的内在统一，强调将高考打造成为立德树人的重要载体和素质教育的关键环节，作为落实考试招生育人的切实行动。

党中央、国务院2020年印发的《深化新时代教育评价改革总体方案》，对我国教育考试评价相关制度创新指明了新的方向，确定了关于"改进结果评价，强化过程评价，探索增值评价，健全综合评价"的总体要求，并提出要以科学成才观念改革学生评价，要求坚持以德为先、能力为重、全面发展，坚持面向人人、因材施教、知行合一，坚决改变用分数给学生贴标签的做法，创新德智体美劳过程性评价办法，完善综合素质评价体系，切实引导学生坚定理想信念、厚植爱国主义情怀、加强品德修养、增长知识见识、培养奋斗精神、增强综合素质。从教育现代化的全局战略高度出发，进一步明确了考试评价的立德树人导向。

三、弘扬志存高远风尚完善升学选择制度

考试的重要功能之一是升学。"填报志愿"是高考招生过程的重要环节，志愿填报不仅是选择高校和专业，也是考生人生的一次重要选择和规划，具有非常重要的教育意义。

　　"志愿"一词可以分为"志"与"愿"两部分，"志"是内心对道德品质和理想信念的追求，也即"要成为怎样的人"，"愿"是指期望成就的事业。从根本上说，"志"决定了"愿"。高考志愿是"人生志愿"的组成部分，只有放眼人的终身成长和幸福，才有可能做出明智的高考志愿选择。"志不立，天下无可成之事。"学生高考志愿填报得好坏，不在于录取专业是否热门，也不在于高考分数是否被"充分利用"，而在于能否在志愿填报过程中进一步明确自己的价值追求和人生志向，把高考志愿作为实现人生目标的重要部分，选择一条能充分发挥自身潜能的路径。

　　然而在现实中，不少学生在志愿选择时，主动思考自己志愿方向者少，一味追求"成本收益"者多。一种非常受欢迎的观点认为，志愿选得"好"的标准就是"不浪费考分"，"好专业"的标准就是可以找到"钱多事少离家近"的"好工作"。但是，高考志愿的填报和录取绝不能是与分数的匹配，而是与高校、专业与个人志向和发展的匹配，追求的不应该只是短期利益的获得，而应该是学生人生价值的实现。当前在高校新生中出现大量"空心病"现象，就与缺乏远大志向，把学习、升学的目的矮化为"找工作""挣钱"有密切关系。

　　志愿填报只是学生学业和人生选择的一个环节，学生在学习和成长过程中充满着选择。2014年《国务院关于深化考试招生制度改革的实施意见》将增加学生的选择权和选择性作为改革的基本原则与重要措施，在考试科目上，打破了传统的文理分科，使学生可以在六门考试科目中自主选择三门选考科目；在考试时间、考试次数、升学途径、志愿选择等方面都扩大了学生的自主选择权。浙江省高考改革试点更多体现了选择性理念：其选考科目为"七选三"，学生可以在35种组合中进行选择；选考、学考与外语考试一年两考、考试成绩两年内有效，学生可以自主选择考试时间和考试次数，实行"专业+高校"的志愿填报方式，每个学生最多可以选择80个"专业+院校"的志愿。近年来，新高考改革试点先后推进，已经覆盖14个省和直辖市，另外17省和自治区的新高考改革试点也在相继展开（请参见第一章专栏1）。

在改革推进过程中发现，一旦扩大学生的选择权，学生和家长就会普遍出现"选择的迷茫"，因为学生在学校教育中长期接受的是"被规定""被安排"的教育，很多学生严重缺乏做出明智选择的知识、能力和价值观念。选择折射的是人们对价值的追求和对是非、善恶以及利益格局大小等的判断，明智的选择应该符合社会道义、国家利益和学生的终身发展。因此，在新一轮高考改革"增加学生的选择性"的大背景下，应当充分认识到学生学业选择的育人意义。在根本上，老师和家长要充分认识到包括选学、选考、选志愿在内的学业选择的重要性：它既与学生今后的成长和幸福紧密相关，更会对学生的价值观、幸福观形成产生潜移默化的影响。老师与家长要从成长成人、人生价值的高度出发，为考生提供建议，而不能仅把眼光局限于选择所带来的分数起伏与毕业后收入的高低。立定志向、学会选择是比成绩和收入更宝贵的财富。"古之立大事者，不惟有超世之才，亦必有坚忍不拔之志"，要成就"中华民族伟大复兴"这一前无古人的伟大事业，必然要求当代青年普遍具有宏伟的志向、坚定的理想信念和克服困难的坚强意志。勇于成就旷世之伟业，甘愿付出毕生之努力，有了这样的"志"和"愿"，也就不会在升学选择时患得患失，在面对人生各种境遇时，也会做出更为明智的选择。

四、营造多元共美共识优化高校招生制度

自从恢复高考招生之后，高考历来被视为"指挥棒"。这一"指挥棒"不仅指高考的考试内容、形式，也包括高校招生的原则、标准。被人诟病的"指挥棒"主要是指重知识轻能力、重分数轻综合素质。有考试招生就必然有"指挥棒"的效应，因此，必须端正考试招生育人导向，充分发挥考试招生的积极引导作用。特别是在构建服务全民终身学习的教育体系的进程中，包括高校招生制度在内的制度创新必将步入新的发展阶段。

高考招生作为一种教育资源分配的方式，涉及考生和千家万户的切身利益，因此，"公平性"是对高考招生的基本要求。在追求"公平"的巨大压力下，不少人主张高校招生采用"分数面前人人平等"的原则，即"唯分数论"。"唯分数论"不仅误导中小学的教育和学生的学习，导致"考什么教什么"的问题，也会使学生形成一种简单化、形式化的"公平观"，不仅可能固化学生的道德发展，也会阻碍社会的发展进步。实际上，我国高校招生从来没有完全依据"分数面前人人平等"的准则，不仅艺术、体育类学科专业对文化成绩有单独标准，招生名额分省配额制，对特殊人才的保送制，对少数民族、弱势群体等人群的倾斜政策等，都体现了政策的多样性和灵活性。

《国务院关于深化考试招生制度改革的实施意见》明确提出要建立"分类考试、综合评价、多元录取"的现代考试招生制度体系。其中，"分类考试"不仅包括高职院校与本科院校的分类，也包括艺术、体育与普通学科专业的分类；"综合评价"即意味着打破唯分数论，要实行"两依据一参考"，即高校招生录取要依据高考和高中学业水平考试成

绩，参考高中综合素质评价，高中生综合素质评价又包括"公民道德素养""学习态度与能力""实践与创新""运动与健康""审美与表现"等维度；"多元录取"则是在依据统一高考成绩为录取基本依据的基础上，通过自主招生、单独招生等途径为不同类型的人才提供不同的评价标准和录取方式。这些改革措施都充分体现了"立德树人""全面而有个性的发展""多元评价""人人成才"等理念，是考试招生育人导向的一次巨大进步，也是落实基于多元价值的公平观的有益尝试。

根据这一指导性文件的基本要求，当前，一方面要进一步扩大高校招生自主权，允许高校在"两依据一参考"的基础上充分发挥主观能动性；另一方面，高校也要切实树立招生为育人服务的理念，坚决克服一味"掐尖""招分"的旧习，自觉根据学科专业特点和培养学术、行政、经济、社会各方面人才的要求，制定多元化的人才评价和招生录取制度，在自主中体现个性，在多元中体现公平，在生源多元的基础上制定多元、互补、互利的人才培养体系，努力做到"各美其美，美美与共"。

第三节 ｜ 探索新型工业化背景下人才需求结构与培养模式

根据党的十九届五中全会文件关于国民经济和社会发展的中长期战略谋划，到2035年，我国将基本实现新型工业化、信息化、城镇化、农业现代化，建成现代化经济体系。党的十九届六中全会文件在全面总结党的百年奋斗重大成就和历史经验的基础上，围绕今后相当长时期我国统筹推进"五位一体"总体布局，协调推进"四个全面"战略布局，立足新发展阶段、贯彻新发展理念、构建新发展格局、推动高质量发展，全面深化改革开放，提出新的更高要求。

综观全球范围新一轮科技和产业革命推动下我国新型工业化面临的新形势，以促进制造业创新发展为主题，以提质增效为中心，以加快信息化和工业化（两化）融合为主线，以推进智能制造为主攻方向，将成为我国实施新型工业化战略的切入点和突破口。技术革新引发的生产方式和生产组织形式变化，使行业企业人才需求结构呈现新的特点。促进产业提质升级的一个重要条件，就是要充分发挥我国人力人才资源的优势和潜力。我国高等学校和职业院校只有从培养目标定位、专业设置、教学实施、教师队伍、质量评价、教学制度保障以及治理模式等方面进行改革，才能适应新型工业化对各级各类人才的需要。

一、新型工业化背景下行业企业人才需求结构的特点

根据工业化发展阶段理论，我国已进入工业化中后期。与发达国家相比，我国推进工业化的时代背景发生了重大变化。当前，世界正处于新一轮工业革命的开端，新一代信息技术与制造业的深度融合以及新一轮工业革命带来的制造业技术突破性的发展，推动着生产方式、生产过程和生产组织形式的变革，进而对企业的岗位结构设置和从业人员能力要求产生深刻的影响。

1．技术技能水平高移化

以信息网络、智能制造、新能源和新材料为代表的新一轮技术创新浪潮，使3D打印技术、数字技术、物联网、大数据、云计算、智能材料等众多先进技术融合更加紧密。科技创新取代密集劳动成为企业发展的根本动力。一些操作简单、重复率高的熟练工种工作逐渐被智能设备代替，工作任务逐渐从具体任务（体力任务）转向抽象任务

（脑力任务），从业人员需要提高心智技能水平才能胜任越来越复杂的设备操作工作。[①]企业对相关岗位从业人员的技术技能水平和学历层次要求呈逐步提高态势。特别是机械制造产业，近年来，70%以上的机械装备制造企业提高了对从业人员的职业技能水平要求。[②]

2. 岗位素质要求复合化

新一代信息技术的广泛应用，使企业各类岗位面临数字化改造，信息技术知识与技能成为各类岗位从业人员职业能力的重要组成部分。同时，新一轮科技和产业革命促进生产方式向小批量、定制化、柔性化方向发展，越来越多的企业开始采用团队式工作方式，这对各岗位从业人员的综合素质提出了更高要求，包括既懂理论又擅长实践，既懂设计又懂工艺，具有较强的团结协作、沟通协调、问题解决等能力。此外，随着制造业全球分工协作的不断深化和产业链延伸，服务型制造成为制造业转型升级的重要方向，研发设计、系统咨询与集成等制造业服务化转型的关键环节需要大量懂技术、懂管理、懂市场的国际化复合型人才。

3. 岗位结构需求差异化

各产业的发展特点决定了企业对经营管理、工程技术、技术技能等岗位层次结构需求存在差异。同时，不同产业对同类岗位的人员素质需求也不尽相同。以技术技能岗位为例，2020年机械制造产业对中

[①] JOHNSON, S D. A framework for technology education curriculum which emphasizes intellectual processes[J]. Journal of technology education, 1992 (3): 29-40.

[②] 2016年6月至9月，本子项目组机械装备制造业调研组对北京、天津、辽宁、江苏、浙江、安徽、福建、山东、湖北、湖南、广东、广西、四川等省、区、市的42家机械装备制造业企业进行了调研。

职毕业生的需求量仍然较大，约占技术技能岗位人员需求的40%；但就高铁产业来看，目前，整车生产企业对中职毕业生的需求为零；配件生产企业2015年新招聘的技术技能人员中，23%为中职毕业生，专科和本科毕业生分别占64%和13%。

二、当前我国人才培养模式与新型工业化的适应性分析

产业升级的本质取决于人才结构和质量的升级。当前，我国院校人才培养与行业人才需求在数量和质量上都存在结构性差距。人才培养目标定位不准确，教学与生产对接不紧密，专业教师缺乏生产实践经验，综合素质培养欠缺，区域专业布局不够合理，均是造成这一问题的主要原因。

一是人才培养规模与人才数量需求存在结构性差距。

从学历层次来看，近年来，我国人力资源市场对人才的学历要求，中专、专科、本科、硕士及以上毕业生分别占人才需求总数的14%、40%、20%和不到3%。同一时期，各学历层次的毕业生数量，中专、专科、本科、硕士及以上分别占毕业生总数的7.3%、41%、45%和7%。人才培养规模与人才数量需求在学历方面存在结构性差距，中专毕业生数量相对不足，本科及以上毕业生已相对过剩。从专业结构来看，近年来我国人力资源市场需求量排名前十位的专业，与同期职业院校各专业大类毕业生数量相对比，职业院校人才供给与人力资源市场需求在专业类别上大致匹配，但在数量结构等方面存在很大差异。①

---

① 据中国人力资源网数据，截至2015年第三季度，排名前十位专业的人才需求总量占职位总数60%左右。

二是人才培养目标定位不准导致毕业生适用性不强。

尽管各类院校的专业类别设置与行业企业人才需求大致适应，但各类院校普遍存在对行业人才需求实际情况了解不够、对专业建设和内涵发展重视不足、人才培养目标定位不够准确甚至错位的问题，导致人才培养的针对性和适用性不强。有的企业反映高等和职业院校存在大量无效教学。以汽车产业为例。调研显示，2020年前后汽车生产制造企业和汽车维修企业对本科层次从业人员的数量需求均有所提高，然而，目前很多开设汽车类专业的本科院校由于培养目标定位不清，不重视应用型人才培养，导致毕业生既难以胜任技术研发岗位，也达不到技能操作岗位要求，企业用人满意度不高。

三是教学与生产对接不紧密导致毕业生实践能力不足。

调研发现，企业对各类院校应届毕业生不满意的原因主要在于"所学非所用"或"所学不够用"。机械制造业企业认为，"岗位技能不足，难以胜任工作"是新入职的职业院校毕业生存在的主要问题，希望院校加强专业技能课的教学。电子信息企业表示，多数高等院校的应届毕业生至少需要进行3个月以上的岗前培训，才能初步适应一线生产岗位的能力要求。实习实训安排不足，校企合作及其机制的不深入、不健全，是各类院校毕业生实践能力不适应产业需要的重要原因。

四是教师缺乏生产实践经验导致人才培养质量不高。

教师是影响人才培养质量的关键因素。我国各类院校的新增教师相当一部分来自高校毕业生，这些教师严重缺乏相关行业企业工作经验，其能力水平不能较好地适应工学结合人才培养模式的需要。在调研过程中，受访院校普遍表示，教师培养培训体系不健全、职业资格标准不明确是导致现有教师的知识和能力水平跟不上产业和技术发展实际，从而影响人才培养质量的重要原因。

五是综合素质培养欠缺导致毕业生复合素质不够。

产业技术含量的不断提高，要求从业人员向多元化、复合型方向发展。在调研过程中，多家受访企业表示，现有毕业生的能力水平难以满足企业对技术型营销人才"既懂技术又懂营销或管理"和对一线研发人才"专业性和实操性并存"的实际要求。同时，受访企业普遍认为，创新能力不足、意愿不强，技能水平不够高、缺乏工匠精神，是各行业现有从业人员在综合素质方面存在的突出问题，难以满足产业技术升级的需要。究其原因，一方面是职业院校的生源基础难以支撑复合型素质的形成，另一方面是各类院校在创新教育方面的课程设计缺乏科学性。

六是区域专业布局不尽合理，难以满足区域产业人才需求。

当前，我国产业转移正在步入全面优化产业链布局、转移和转型协调的新阶段。服务区域经济发展是各级各类院校的重要功能。但调研显示，当前我国各类院校专业设置及人才培养规模存在与区域产业发展适应性不足的问题。以汽车产业为例，上海、广东、吉林、北京等地的汽车产量位居全国前列，对从业人员需求量较大，但这些地区的中等职业学校汽车相关专业毕业生数仅占当年中等职业学校汽车类专业毕业生总数的2.4%。同时，云南、贵州等地汽车产业规模较小，中等职业学校相关专业点数量却较多。高职也存在类似的问题，当前高等教育和职业教育发展的一项重要任务就是要提高区域内各类院校相关专业的人才培养规模与当地产业和就业结构的匹配度。

三、国际组织对职业教育基本定位和部分发达国家改革经验

从国际社会来看，职业教育与普通教育的分流融通，贯穿于工业化乃至后工业化的过程之中，直接关系人才培养模式的定位和外部适应性。职业教育一直是工业化以来各国开发人力资源的重要领域，其中，职业教育分流制度也是各国教育制度体系的重要组成部分。联合国教科文组织2011年修订的《国际教育标准分类》（International Standard Classification of Education，缩写为ISCED-2011）给出一个具有可比性的指导性框架。ISCED-2011对职业教育（Vocational Education）的最新定位是：主要为学习者掌握在某一特定的或某类职业、行业从业所需的知识、技艺和能力而设计的教育课程。这样的课程可能有基于工作的成分（即实习）。成功完成这类课程后，可获得由相关国家主管当局和（或者）劳务市场以从业为目的而认可的与劳务市场相关的职业资格证书。

从ISCED2级（相当于初中阶段）起职业教育与普通教育分流，逐渐延伸到3级高中阶段乃至5～7级高等教育。中等职业教育（ISCED2～3级）相当于我国初中和高中阶段，教育课程和相关资格证书划分为4个子类别，有一种获得本级学历文凭可直接通向5级及以上第一个高等课程。中等后非高等教育（ISCED4级），在中等教育基础上提供学习经历，为进入劳务市场和高等教育做准备，对象为期望获得的知识、技艺和能力低于高等教育复杂程度的学习者。高等职业教育（ISCED5级）相当于我国专科层次高职教育。有些国家划分普通高等教育和专业（专科）高等教育，有的国家完成ISCED5级课程者可参加ISCED6级（相当于学士）或ISCED7级（相当于硕士）教育。

各国学历学位授予方式差异很大，离开各国经济发展水平、产业就业结构等因素来判定职业教育与普通教育分流融通制度特点，是不够准确的。①

职业技术教育（Vocational and Technical Education，缩写为VTE），历史上被称为"为了工作的教育或谋生教育"（Education for Work）。进入21世纪以来，相比VTE而言，国际社会更为频繁地采用一个组合词：技术职业教育与培训（Technical Vocational Education and Training，缩写为TVET）。联合国纽约峰会2015年9月确定的《变革我们的世界：2030年可持续发展议程》（简称《2030年可持续发展议程》），包括17项目标169个具体目标。其中第4组目标为"确保包容和公平的优质教育，让全民终身享有学习机会"，下分7个具体目标，涉及职业教育的分别是：(4.3) 到2030年确保所有男女平等获得负担得起的有质量的技术、职业教育、高等教育，包括大学教育。(4.4) 到2030年大幅增加掌握就业、体面工作和创业所需相关技能，包括技术性和职业性技能的青年和成年人数。②

为了呼应联合国《2030年可持续发展议程》，联合国教科文组织2015年11月发布《教育2030行动框架》，在论述（4.3）具体目标时指出，从中等教育及包括大学在内的高等教育开始，为年轻人和成年人提供终身学习机会，减少技能开发、技术职业教育与培训（TVET）的障碍，势在必行。就高中阶段而言，2013年TVET全球平均约占23%，许多国家已采取扩大高等教育层次TVET的措施。包括大学以及成人

① 张力. 国际视野下的职业教育分流［J］. 经济，2016（09）：88-89.
② Transforming our World: The 2030 Agenda for Sustainable Development［C］. UN, 2015-09.

学习、教育与培训在内的TVET、高等教育，都是终身学习的重要因素。同时强调，完善针对职业技能开发、TVET和高等教育的跨部门政策，加强科学与政策发展之间联系，以便同不断变革的环境保持同步和关联；促进有效合作，尤其是公私部门合作，让雇主和工会都参与合作实施过程。为所有年龄段和不同社会文化背景的年轻人、成年人提供更多的TVET、高等教育、大学以及成人学习、教育和培训的机会，让他们能够改善和调整自己的技能，特别关注性别平等，包括消灭建立在性别基础上的障碍，关注残疾人等弱势群体。①

综观国际组织近期关于TVET的基本定位和各国教育纵横交叉的职普分流模式，总体上是以不同人群（主要是劳动年龄人口）掌握技术技能为基本出发点的，也就是由谋生发展需求所驱动的"有用的教育与培训"，而且，TVET的概念，在对接终身学习体系或学习型社会方面，应该比分立的"职业教育""职业技术教育""职业培训""技术培训"等更具包容性。许多国家在TVET领域的政府主导作用甚于市场调节作用，在法律政策层面确认政府、学校、企业、社会，乃至学习者对职业教育的办学体制改革、成本分担的责任。目前，既没有看到政府完全放任不管、单靠企业需求驱动的TVET取得良性发展的案例，也很少见到由政府包办职业技术学校、完全没有行业企业参与的成功经验。一般而言，国民教育普及水平日益提高后，各国学校制度和培训体系调整与革新的出发点，在很大程度上聚焦在教育与培训的

① Education 2030：Incheon Declaration and Framework for Action—Towards inclusive and equitable quality education and lifelong learning for all［R/OL］.（2015-11）［2022-12-01］. https://iite.unesco.org/publications/education-2030-incheon-declaration-framework-action-towards-inclusive-equitable-quality-education-lifelong-learning/.

有用性和外部适应性上，特别是为了提高国际经济竞争力和扩大国民就业，部分发达国家纷纷制定振兴工业战略，为应对新战略实施带来的人才需求结构变化，各国普遍开展了人才培养模式改革，形成了一些值得参考的经验。

一是加强政策和经费投入，满足人才数量需求。

近年来，美国为社区学院拨付了共计约10亿美元，支持制造业人才培养，同时还投入1亿美元用于改革学徒制，旨在促进高技能和高增长行业的人才培养。为了配合新一轮科技革命和产业发展对信息人才的大量需求，法国在2020年为义务教育阶段70%的学生配备数字化学习终端。

二是推进专业和课程改革，应对岗位要求变化。

2014年，法国启动了"工业控制与自动化调整"和"自动化系统的设计与实现"等与工业4.0关系密切的高级技术员文凭的革新工作，并于2016年设立了"过程监测"和"化学职业"等新的高级技术员文凭，以满足生物、化学、环境等行业的需求。2016年，德国更新了9个职业教学标准和206个职业课程及培训规则，同时还建立了36个新职业课程。近年来，英国、澳大利亚加强了对科学、技术、工程和数学（STEM）能力培养的支持力度。

三是培养综合能力，满足复合型岗位需求。

在新一轮科技革命背景下，工作任务的系统化引起了岗位要求的复合化，各岗位从业人员需具备较强的综合能力。为适应工业4.0的新需求，德国提出要注重"跨行业需求的识别能力""全球招募伙伴能力""间接综合技能""社交能力""跨学科技能"等综合能力的培养。意大利莫德纳和勒佐艾米利亚大学开展跨学科的教学模式改革，着重培养学生的时间管理、资源分配、团队协作、问题解决等软技能。

四是深化校企合作，培养行业紧缺人才。

法国教育部与西门子公司2015年合作开展人才培养模式改革，企业充分利用自身人才和设施资源为院校提供课程方案、教学方法、教学材料等方面的支持，培养适应工业4.0新岗位的合格劳动者。为满足先进制造业发展的人才需求，在市政府的资助下，美国皮特（Pitt）社区学院与当地雇主讨论确定未来新岗位所需的技能种类，设计短期培训课程，帮助学生尽快取得相关证书，并有机会尽快在当地相关企业就业。

总结部分发达国家应对新型工业化发展需要、开展人才培养模式改革的经验，主要的启示是，保持职业教育与普通教育分流后制度的相对稳定性，增进教育体系内部相互贯通，加强学校系统与行业企业的联系，促进教学与生产实际需求密切对接，不断创新校企合作人才培养模式，适时调整专业设置并更新教学内容，开展行业人才需求研判与预测，促进有经验的行业企业人员到各类院校任教。

四、适应我国新型工业化需要的人才培养模式改革策略

习近平总书记深刻指出，人力资源是构建新发展格局的重要依托。要优化同新发展格局相适应的教育结构、学科专业结构、人才培养结构。党的十八大以来，以习近平同志为核心的党中央更加高度重视人才培养模式的外部适应性和可持续性，历次中央全会文件和党的十九大报告都对人才培养模式改革做出非常重要的宏观决策和战略部署。[①]

无论是以往的工业化，还是现时的新型工业化的背景环境中，职

---

① 张力. 新发展格局下增强职业技术教育适应性的重要意义［N］. 中国教育报，2020-12-03（006）.

业教育都是一个国家或地区深化人才培养模式改革的重要枢纽环节，中国特色社会主义进入新时代以来，职业教育相关的人才培养模式改革被提到国家乃至地方的重要日程上来。以2014年国务院的《关于加快发展现代职业教育的决定》为开端，2017年中共中央办公厅、国务院办公厅颁布的《关于深化教育体制机制改革的意见》和同年国务院办公厅颁布的《关于深化产教融合的若干意见》，2018年党中央、国务院颁布的《中国教育现代化2035》和中共中央办公厅、国务院办公厅颁布的《加快推进教育现代化实施方案（2018—2022年）》，同年国务院颁布的《关于推行终身职业技能培训制度的意见》，2019年国务院颁布的《国家职业教育改革实施方案》，2020年党中央、国务院颁布的《深化新时代教育评价改革总体方案》，2021年中共中央办公厅、国务院办公厅颁布的《关于推动现代职业教育高质量发展的意见》，直到在此期间国家级和分领域的"十三五""十四五"规划，都围绕统筹职业技术教育、高等教育、继续教育协调发展，适应社会主义现代化建设需求和促进人的全面发展需要，明确了推进方向和具体步骤。

习近平总书记强调指出，在全面建设社会主义现代化国家新征程中，职业教育前途广阔、大有可为。要坚持党的领导，坚持正确办学方向，坚持立德树人，优化职业教育类型定位，深化产教融合、校企合作，深入推进育人方式、办学模式、管理体制、保障机制改革。特别是进入新时代以来，职业教育现代化步入新的法治化轨道，十三届全国人大常委会第三十四次会议2022年修订的《职业教育法》第三条规定：职业教育是与普通教育具有同等重要地位的教育类型，是国民教育体系和人力资源开发的重要组成部分，是培养多样化人才、传承技术技能、促进就业创业的重要途径。国家大力发展职业教育，推进职业教育改革，提高职业教育质量，增强职业教育适应性，建立健全适应社会主义市场经济和社会发展需要、符合技术技能人才成长规律的职业教育制度体系，为全面建设社会主义现代化国家提供有力人才和技能支撑。第七条规定：各级人民政府应当将发展职业教育纳入国民经济和社会发展规划，与促进就业创业和推动发展方式转变、产业结构调整、技术优化升级等整体部署、统筹实施。《职业教育法》的修订，为职业教育领域改革发展提供了重要法律支持，标志着职业教育领域人才培养模式改革进入新的阶段。

围绕适应我国新型工业化需要的人才培养模式改革策略，在子项目组调研成果上，初步梳理了新型工业化背景下的人才培养目标、专业设置、课程教学、质量评估、教师队伍、院校治理，与传统工业化相比发生的变化。（参见表4）

表4　新型工业化背景下人才培养模式的变化趋势

培　养　目　标	
传统工业化	新型工业化
生产工序相对分散，生产制造链长，自动化程度较低，需要单一技术领域的技术技能人才培养。	生产工序相对集中，生产制造链缩短，智能制造提高了自动化水平和柔性加工能力，需要核心技术领域与制造过程关联技术领域的多技术融合式、集成式技术技能人才培养。
生产对象、工具、规范、标准、工艺、手段、环境、产品等信息化程度低。	生产对象、工具、规范、标准、工艺、手段、环境、产品等与信息化融合加快，信息化程度高。
着重培养专业能力和专门技能，强调个人技能技艺。	在着重培养专业能力和专门技能的同时，更加关注团队合作等软技能。
注重培养职业道德和就业技能。	注重培育工匠精神和创新创业能力。

续　表

专　业　设　置	
传统工业化	新型工业化
对接传统产业链，依据产业、行业以及职业岗位群、岗位或技术领域等的需要开发专业目录。	面向工业化、信息化整合背景下的产业链、产品线和价值链，依据区域产业经济、行业企业发展，结合新兴职业岗位或技术领域开发专业目录。
专业设置缺乏合理规划，存在为扩大招生规模而简单迎合社会和家长需求设置专业的现象。	依据区域产业经济及行业企业发展需要，为促进产教融合、校企合作、提高人才培养质量而科学规划专业设置。
专业面向单一，数量较多，存在人才培养结构与规模不够合理的现象。	专业面向拓宽，数量精减，合理规划人才培养结构与规模。
专业设置对区域产业发展变化的回应不够及时。	建立专业设置动态调整机制，关注并回应区域产业在新型工业化背景下的发展态势。
教　师　队　伍	
传统工业化	新型工业化
教师入职要求过于强调学历水平，教师来源以高等院校毕业生为主，缺乏行业企业生产实践经验。	在要求教师具有一定学历水平的同时，专业课教师至少需要3～5年行业企业实际工作经验。
企业技术技能人才进入职业院校任教的通道不通畅，教师到企业实践流于形式。	打通企业技术技能人才进入职业院校任教的通道，鼓励在职教师到企业实际工作岗位进行技术实践。
教师根据教学大纲和教材组织教学，对专业建设和课程开发全过程参与不够。	教师要根据行业企业生产技术变化组织教学，骨干教师参与专业建设和课程开发的全过程。
教师考核评价看重论文，对专业能力与教学能力重视不够，对教师进行技术研发重视不够。	以实际专业能力与教学能力水平作为教师考核评价的主要依据，鼓励教师进行技术研发和创新。
缺乏激励机制，教师安于现状，主动学习动力不足。	建立激励机制，教师要成为终身学习者，不断提高专业能力与教学能力。

续　表

课　　　程	
传统工业化	新型工业化
基于学科体系设置与开发课程。	基于工作岗位任务对综合职业能力的要求，进行课程设置与开发。
课程类型和数量较多，理论课程与实践课程缺乏融合；理论课时偏多，实训课时偏少。	注重课程的融合、整合，减少课程门类和数量，开展项目教学，推行理实一体化课程，对技能要求较高的专业应加强专门技能训练。
课程设置相对统一、固化，不能及时适应区域经济发展对人才培养目标变化的需要。	课程设置相对灵活，及时适应区域经济发展对人才培养目标变化的需要，为学习者提供多种选择。
课程内容以大纲、教材为依据，强调教材的选用，相对固定、陈旧。	根据行业企业生产技术变化，及时调整、更新，突出学习指导材料的开发与运用，丰富课程内容。
缺乏对综合职业能力、创新创业教育与绿色技能的渗透。	在专业课程中融入综合职业能力、创新创业能力和绿色技能。
教　学　资　源	
传统工业化	新型工业化
教材种类单一，内容滞后陈旧，与现有教学设备、教学方法不配套。强调使用正式出版的国家、省级统编教材。	教材种类丰富多样，反映生产一线的新技术、新工艺和新方法，与现有教学设备、教学方法同步更新。鼓励院校、教师根据企业生产技术变化开发使用校本教材、工作页等多种形式的教学材料。
教学材料形态单调，大量使用纸质教材。	丰富教学材料形态，鼓励开发使用适合学习者学习需要电子教材和网络教学资源。

续　表

教　学　实　施	
传统工业化	新型工业化
以教师为主体，学习者主体地位未得到充分体现。	以学习者为主体，教师作为指导者促进学习者学习。
多数院校仍以使用"黑板+粉笔"为主、多媒体教学为辅、以课堂讲授为主的教学方式。	建立基于现代信息技术和灵活多样的教学方法的教学环境。
大班化教学，按统一的教学内容组织教学过程，所有学习者需达到同样的学习目标。	合理规划班级/课堂规模与进度，帮助学习者实现个性化与差异化的学习目标。
实训缺乏真实企业氛围。	将企业管理模式与企业文化融入实训。
校内实训与顶岗实习先后进行，常见形式为"2+1"或"2.5+0.5"，工学结合不够紧密。	整合校内外实习实训教学安排，工学交替进行，充分实现"做中学""学中做""边学边做""边做边学"。
教学设备及其使用	
传统工业化	新型工业化
依托仿真教学设备进行专业教学。	建立基于典型生产环节和工作任务的真实教学环境。
教学设备数量不足，更新滞后，利用率不足。	根据教学需求配置教学设备，并进行合理利用和维护更新。
院　校　治　理	
传统工业化	新型工业化
院校隶属于教育部门或其他主管部门。	建立院校法人治理结构，行业企业代表应占院校理事会多数席位。
院校缺乏自主权。	扩大院校在专业设置、专业教师招聘、经费使用等方面的自主权。
实施基于学年制的教学管理制度。	建立基于学分制的教学管理制度。

续　表

院　校　治　理	
传统工业化	新型工业化
基于教育部门或院校内部的教学评价。	建立真正意义上的第三方评价制度。
经费投入水平不能满足需要。	建立适应新型工业化需要的职业院校经费保障机制，提高投入水平（职业院校制造业专业生均经费标准应该是普通院校的2.5倍）。
教学质量评价	
传统工业化	新型工业化
关注知识、技能的掌握。	关注综合职业能力的形成。
以学校和教师评价为主。	建立教师、学校、行业企业多方评价机制。
以书面考试形式为主。	评价形式多样化。
以终结性考核方法为主。	运用基于学习过程的形成性考核方法。

提高人才培养与新型工业化背景下产业发展的适应性，是一项系统工程，需要政府有关部门、行业企业、高等学校和职业院校共同参与。为此，需要在以下几个方面深入拓展：

一是准确定位人才培养目标。

高等学校和职业院校应与行业企业合作细致深入开展职业与岗位需求调研，了解职业特点及各岗位对知识、技能、态度的新要求，结合自身办学层次对各专业的人才培养目标进行准确定位，推动各专业人才培养向复合型、创新型、创业型转型升级。

二是动态调整专业设置。

建立健全行业性、区域性的人才需求预测机制和专业动态调整机制。支持若干所中等、本专科高等职业学校强化国家重点领域产业和区域支柱产业相关专业建设，重点提升学校服务学历教育、社区教育、职工教育培训等能力，建成一批人才培养、科技创新、专业建设与产业融合发展的高水平职业学校。引导各类院校学校围绕区域科技创新和经济社会发展需要设置和调整专业，建设一批骨干专业。

三是提升教师专业水平。

加强教师培养培训机构制度建设，落实职业院校教师企业实践等教师专业发展制度，支持各类院校在教师聘用管理方面开展积极探索和大胆改革，吸引具有行业企业实际生产经营和技术研发经验的人才进入职业院校任教，建立真正的"双师型"教师队伍。

四是深化课程教学改革。

健全教学标准与职业标准联动开发机制，完善教学标准体系并全面实施。做好各类院校专业课程建设和学习资源建设。推进应用型本科院校课程改革加强职业道德、工匠精神与创新能力培养。加强实践教学环节，突出学生技术应用能力的培养。

五是促进产教融合校企合作。

加强行业组织建设，赋予行业组织全面参与人才培养全过程的职责，包括定期发布行业人才需求，制定行业人才培训发展规划，推进校企合作，开发课程，参与指导教育教学，开展质量评价等。加强职业教育校企合作制度保障，形成校企协同双主体育人长效机制。切实发挥企业在技术技能人才培养中的主体作用，鼓励和支持有基础、有条件、有意愿的行业企业办学。[①]

六是推进院校治理体系现代化。

支持职业院校建立政府、行业、企业、社区、教职工和学生及家长代表等共同参与的学校理事会或董事会，完善法人治理结构，加快实现院校治理能力现代化。进一步推动管办评分离，加快形成政府依法管理、学校依法自主办学、社会各界依法参与和监督评价的高等教育和职业教育公共治理新格局，从根本上提升院校适应经济社会发展的能力。

七是健全人才培养质量监测与评价体系。

建立以专业为核心、以教学效果为导向、重视社会服务能力的现代职业教育质量监测和评估体系。建立职业院校专业认证制度，组织开展以适应新型工业化需要为导向的第三方认证与评估。发挥院校的教育教学质量保障主体作用，支持各类院校建立教学过程质量监控大数据系统、教学工作即时诊断和改进系统和人才培养工作状态数据管理系统，及时掌握人才培养情况。

八是建立国家资格（资历）框架。

建立跨部门的国家资格（资历）框架建设指导委员会，统筹学历学位管理、职业资格管理和专业技术职务（资格）管理职能，共同开发国家资格（资历）框架。制定各种学习成果认定标准、学分标准、学分积累与转换规则，建立个人学分积累机制（学分银行），为个人终身学习和可持续发展提供通道。[②]

---

① 杨进. 建设知识型、技能型、创新型劳动者大军［J］. 中国职业技术教育，2017（34）：12-17.
② 国务院. 关于印发国家职业教育改革实施方案的通知［EB/OL］.（2019-01-24）［2022-02-13］. https://wenku.baidu.com/view/bf765965306c1eb91a37f111f18583d049640f7c.html.

九是提升人才培养国际化水平。

以"促进交流、优化资源、打造品牌"为导向，鼓励并推进各类院校与国外院校及培训机构合作培养大批具有国际视野、通晓国际规则、能够参与国际事务与国际竞争的国际化人才。鼓励更多高等院校特别是应用型本科院校按照《华盛顿协议》等国际工程科技人才培养认证评价体系开展教育教学改革。鼓励职业院校参与国际职业教育标准制订，推广中国职业教育标准。

第三章　旨在促进多方位公平的教育服务机制改革

　　促进教育公平是我国教育改革与发展的重要价值取向，让每一个人享有公平的受教育机会，是宪法赋予公民的基本权利，也是中国教育改革发展不懈追求的重要目标。新中国成立以来，特别是改革开放以来，我国促进教育公平迈开新步，主要体现在全体国民的受教育程度不断提高，教育事业取得巨大成就。

　　进入中国特色社会主义新时代以来，以习近平同志为核心的党中央更加重视教育公平，从党的十八届三中、四中、五中全会文件来看，强调加快完善体现权利公平、机会公平、规则公平的法律制度，坚持普惠性、保基本、均等化、可持续方向，增加公共服务供给，围绕"促进教育公平"推出教育改革举措。党的十九大报告强调推进教育公平，努力让每个孩子都能享有公平而有质量的教育。党的十九届五中全会文件要求，坚持教育公益性原则，深化教育改革，促进教育公平，根本目的在于扎实推动共同富裕，不断增强人民群众获得感、幸福感、安全感，促进人的全面发展和社会全面进步。

　　党中央上述一系列重要决策部署，已成为从国家到地方教育规划政策的主要脉络，为深化教育服务机制改革确定了重要导向。从世界范围看，我国教育普及程度已经处于中上收入国家行列，与发达国家教育发展差距明显缩小。但是，我国教育公平仍面临不少困难和挑战，主要表现在区域、城乡、校际等教育差距还比较明显。为此，需要从公共服务分类和城镇化两个维度，多方位探讨教育服务机制改革，两者各有侧重，又有交集，其主旨均关乎促进教育公平。

第一节 | 公共教育服务分类和机制改革

习近平总书记在北京市八一学校考察时深刻指出，教育公平是社会公平的重要基础，要不断促进教育发展成果更多更公平惠及全体人民，以教育公平促进社会公平正义。健全与"幼有所育""学有所教"相关的国家基本公共服务制度体系，是中国特色社会主义新时代切实保障教育公平的重大战略举措。当前教育服务机制改革的重点，总体上应是推进公共服务提供方式多样化，同时优化非公共服务治理。在促进公共教育服务公平方面，主要涉及政府法定责任、管理体制、财政体制等改革，重在推进城乡基本公共服务均等化，乃至一体化，提高非基本公共服务的质量与效率。在促进非公共教育服务多样化方面，主要涉及治理体系、政府行为、社会参与等机制建设，需要更好支持和规范社会力量及民间资本提供多样化选择性服务。

一、加快推进基本公共教育服务均等化

1．基本公共教育服务供需存在的主要问题

一是区域教育差距。

由于地区之间经济发展水平的差异，教育基础条件呈现出由东向西梯次递减的局面。义务教育作为基本公共教育服务的基础环节，东部地区已基本实现教育现代化，许多地区教育教学设施设备高于基本现代化标准，区域内也已实现教育基础设施均等化，而中西部许多地

区离教育现代化的要求还相距较大。在2035年全国基本实现基本公共服务均等化的远景目标导引下，缩小区域之间基本公共教育服务差距的重点，在相当长时期内依然需要放在义务教育阶段。

二是城乡教育差距。

在城乡二元结构相对稳定的格局中，农村义务教育始终是重点和难点。国家政策坚持对农村义务教育倾斜支持，特别是将义务教育全面纳入财政保障范畴，多措并举，对原贫困地区农村不断加大帮扶力度，取得明显成效，但要根本改变农村教育后进状况还需要较长时间。在我国高等教育进入"普及化"阶段以来，城乡适龄青年接受高等教育机会均有显著增加，但城乡差别依然存在。在高等学校在校生中，农村学生与城市学生相比，在地方院校的比例高于重点院校，在一定程度上影响了农村学生走向社会后的竞争力。

三是校际教育差距。

从1986年义务教育立法到2006年第一次修法，我国义务教育处于非均衡发展态势，许多城市集中人财物力建设了一批重点学校。2007年推进义务教育均衡发展以来，依法取消重点校重点班，切实改造薄弱学校，但是历史遗留的重点校积累效应在短期内难以彻底改变。目前，在全国县域义务教育基本均衡发展国家督导评估取得阶段性成果的基础上，着力缩小公办校际差距依然是许多地区的重要任务。经济合作发展组织的国际学生学业水平测试结果表明，即使在实现"优质均衡发展"的上海市，郊区县15周岁学生在阅读、数学、科学三个领域的平均成绩都显著低于中心城区，分别低28.2分、35.1分、27.7分。①

---

① 陆璟.PISA测评的理论和实践［M］.上海：华东师范大学出版社，2013：5.

2．促进基本公共教育服务均等化的对策建议

一要加快义务教育学校标准化建设。

建议分级制定学校建设标准。适应教育现代化战略需要，适时研究制定义务教育阶段学校建设全国统一标准，基于国情提出不同区域义务教育学校建设的基本要求，并建立健全动态调整机制。各省域可根据实际情况，因地制宜，制定本地区义务教育阶段学校建设的具体标准，但不得低于国家基本建设标准。

全面推进学校标准化建设。制定明确的时间表、路线图，逐县（市、区）逐校建立义务教育学校标准化建设台账，分类完善寄宿制学校、村小、教学点的办学标准，扎实推进城乡义务教育公办学校标准化建设。深入实施薄弱学校改造计划，全面改善落后地区义务教育学校基本办学条件，逐步统一不同区域学校办学标准。

二要力推城乡义务教育一体化发展。

按照党和国家的统一部署，建议加快区域内城乡义务教育资源均衡配置，统筹推进县域内城乡义务教育一体化，在基本实现县域校际资源均衡配置的基础上，扩大优质教育资源覆盖面，提高乡村学校和教学点办学水平。按城乡统一标准，先以县域为单位再逐步扩展到更大范围，建立起均衡的生均经费及生均公用经费拨款标准，为每所义务教育学校配齐师资、设备、图书以及安全保卫、卫生保健、后勤生活设施，建立健全分级负责、覆盖全国的农村义务教育学校学生营养餐补贴、供应及校车配置机制。建立科学合理的指标体系，有效监测城乡教育发展过程及结果，尽快实现义务教育资源配置省域均衡。

统筹教师编制配置和跨区调整。按照教师"国标、省考、县管、校聘"原则，对义务教育阶段教师实行城乡统一调配机制，以学区制、

集团化、社区化建设为载体，建立健全城乡教师及校长定期轮换流动制度，并逐步扩大轮岗范围、延长交流时间，促进区域内学校共同成长、相互促进、均衡发展。^①深入实施乡村教师支持计划，逐步扩大农村教师"特岗计划"实施规模，进一步加大"国培计划"对中西部地区乡村教师校长培训的集中支持力度。面向老少边穷岛地区中小学幼儿园，普遍设置"国家教师岗"，大幅提高并切实保障农村教师工资收入及福利待遇，稳步解决结构性、区域性和阶段性教师短缺问题，下大气力办好乡村教育。

加快实现城乡各类优质教育资源共享。以信息化为支撑，以互联网为依托，统筹规划、整合力量，建立健全城乡各类学校对口合作机制，深入做好全国及区域性教育资源数据的共建共享工作，继续用好"三通两平台"（即"宽带网络校校通、优质资源班班通、网络学习空间人人通"，教育资源公共服务平台、教育管理公共服务平台）。特别是教育部近期升级的"国家中小学智慧教育平台"，作为国家智能教育平台系统的组成部分，丰富了从小学、初中到高中的专题教育和课程教学资源，并新增课后服务、教师研修、家庭教育、教改实践经验等资源，2万多条平台资源全部免费使用，必将更好提升农村教育质量。建议因地制宜落实信息化资源应用配套措施，让每个农村地区学校都能共享优质教育资源，有效缩小城乡教育差距。

三要保障流动人口子女入学同城化待遇。

建议督促各地尽快按照常住人口规划学校及学位数。各地务必适应未来城市化进程，超前预测人口变动趋势，按照常住人口而不是户

---

① 李孔珍，刘超洋.新时代教育集团跨学校教师团队组织分析［J］.首都师范大学学报（社会科学版），2020（06）：164-171.

籍人口，重新规划城镇学校布局及学位安排。以就近入学为原则，按照国家统一标准，重视新建居民区学校的布点规划和配套建设。加快人口导入区学校建设，适度集中配置教育资源，稳妥解决新型城镇化过程中新增流动人口的就学问题。进一步加强农村及城郊寄宿制学校建设，加快新建和改扩建校园校舍，重点解决城镇大校额大班额问题，确保到2030年前全面消除大校额和大班额现象。

完善进城务工随迁子女教育政策。进一步完善"两为主"政策，充分保障符合条件的进城务工人员随迁子女在公办学校或通过政府购买服务在民办学校就学。切实提高义务教育体系的开放性和包容性，深入开展混班教学和融合教育，依法保障进城务工人员随迁子女在城镇入学时的"同城待遇"，努力办好每一所学校，教好每一个学生。逐步推行积分制管理办法，根据城镇教育容纳能力和随迁子女实际情况，合理布局、有序推进，稳妥解决随迁子女在流入地公平参加中考和高考问题。

四要实施对各类弱势群体精准化帮扶。

建议国家层面完善弱势群体经济资助机制。在全面实行义务教育和农村中职教育免费基础上，以弱势儿童青少年为重点，逐步分类推进中等职业教育免除学杂费，率先从建档立卡等家庭经济困难学生（含非建档立卡的家庭经济困难残疾学生、农村低保家庭学生、农村特困救助供养学生）实施普通高中免除学杂费。扩大各类家庭困难学生奖、助、贷学金的覆盖范围和资助比例，做到对困难群体学杂费应免尽免，生活补助费应助尽助。要让家庭经济困难的孩子都能接受公平而有质量的教育，不让一个家庭经济困难的学生输在"起跑线"上。

健全农村留守儿童关爱体系。明确责任主体，完善监管机制，以乡镇政府及村（居）委会为主导，联合各方面力量，形成全社会共同关心留守儿童的工作服务体系。优先改善留守儿童的学习条件、营养状况和安全保障，不断完善家校联动、心理辅导、社区关怀和志愿服务等机制。构筑"温馨家校"，做到对每个留守儿童精准关爱，确保其身心和人格健康发展；同时，充分发挥各类公益社会组织和志愿者队伍的作用，加大对学习困难学生的帮扶力度，全面做好控辍保学工作。

五要推动面向特殊群体的个性化教育。

建议尽快对特殊群体实现全纳教育。秉持公平理念，消除歧视观念，依法保障所有残疾人与普通人平等接受教育的权利，支持和推动特殊教育事业加快发展。普及残疾儿童少年义务教育，积极发展残疾儿童学前教育、康复教育，加快发展以职业教育为主的残疾人高中教育，推进残疾人高等教育和成人教育发展。在条件成熟时，推动特殊教育立法。

探索特殊教育"一人一案"。坚持包容、平等、特惠原则，对各类残疾人员建立精准的识别机制，制定个性化培养方案，实施差别化教学计划，通过随班就读、特殊学校、送教上门和医教结合等多种渠道、多种方式，努力为每个残疾人提供有质量的"适切教育"。适时建立特殊教育监测和督察制度，健全残疾人权益保障制度，落实各级政府的法定责任，确保每个残疾人都能够接受公平教育、共享发展成果。

二、努力实现公共教育服务多元供给

1. 非基本公共教育服务供给面临的主要问题

经过多年改革发展，在公共教育服务供给方面，我国已经基本形成以政府投入为主、多渠道筹措教育经费的教育投入体制，初步构建了以政府办学为主体、全社会积极参与、公办教育与民办教育共同发展的格局。社会力量兴办教育迅速发展，形成了从学前教育到高等教育，从学历教育到非学历教育的层次类型多样、充满生机活力的民办教育体系，较好适应了经济社会发展需要，满足了人民群众日益增长的多样化教育需求，为丰富教育资源供给、推动教育体制改革、创新人才培养模式做出了积极贡献。但是，就整体而言，我国公共教育资源供给方式仍然比较单一，办学主体还是"一公独大"，社会力量参与办学的广度和深度十分有限。这不仅阻碍了更大的社会资源转化为公共教育资源，也导致各级各类优质教育资源总量不足且分布不尽合理，无法满足人民群众日益多元化、个性化的选择性教育需求。

应该看到，近年来我国民办教育发展的外部环境得到了明显改善，国家教育行政部门和一些地方政府在民办教育改革发展方面开展了许多有益探索，也收到了一定成效。但就整体而言，一些长期制约民办教育发展的深层矛盾尚未得到根本破解，特别是涉及民办学校法人属性、产权回报、教师身份、优惠政策、信贷融资以及办学自主权等方面问题，尚未能从宏观层面得到有效解决。同时，社会力量在办学中也暴露出一些问题和矛盾，譬如公益性不足，强化应试导向，办学行为不够规范以及扩展性办学影响正常教育生态，等等。所有这些因素，都在不同程度上制约了民办教育的可持续发展。

当前，按照党和国家有关对民办学校实施分类管理的重大决策部署，虽然民办教育促进法已经修订完成，国家层面也出台了一系列新政，但是由于受到各种主客观因素的制约和干扰，在民办教育体制改革和机制创新问题上，一些部门和不少地方仍不同程度存在"不敢改革创新、不愿改革创新、不让改革创新、不会改革创新"的状况。截至目前，按照全国人大常委会和国务院的授权，31个省、自治区、直辖市都已经制定出台了省一级政府贯彻新法新政的配套文件，但在涉及剩余资产归属、财政资金扶持以及办学规费优惠等举办者重大关切的原则问题上，现有配套文件都鲜有根本性突破，多数地区照抄照搬国家层面的原则性规定，而且很多配套政策明显缺少可操作性。这种局面，导致社会力量兴办教育的动力不足、热情消退，在某种程度上影响了我国民办教育可持续发展。

在非义务教育阶段的公共教育服务供给方面，部分地区社会力量（行业企业等）参与不足，不仅造成学前与高中教育供给能力不足、供给结构不佳问题，还导致职业教育人才培养与市场需求严重脱节，高等学校人才培养类型规格与区域经济社会发展不相匹配，终身学习体系建设游离于主流教育体系之外且不断被边缘化等问题。

2．促进非基本公共教育服务多样化的对策建议

一是积极稳妥推进民办学校分类管理制度，吸引更多社会资源转变为教育资源。

建议公平对待两类不同学校。实行营利性与非营利性民办学校分类管理改革，是党中央国务院的一项重大部署，毫无疑问，必须坚定不移地加以稳妥推进。考虑到我国仍然处于并将长期处于社会主义初级阶段，以及现阶段民办教育主要特征是投资（出资）办学而非捐资办学的基本国情，各地在推进营利性与非营利性民办学校法人分类管理时，应秉持公平正义原则，防止在倡导和鼓励非营利教育机构发展的过程中有意或无意产生对营利性学校及教育机构新的制度排挤和政策歧视。

全面落实各项优惠政策。当前和今后一个时期，要在既定法律框架下，全面落实财政、税收、土地等各项法定优惠政策，在优先鼓励非营利性办学的同时，支持和促进两类民办学校各自定位、相得益彰、办出特色、办出水平。同时，要尊重历史，实事求是，按照"老校老办法、新校新办法"，妥善做好现有存量学校转设时的资产处置、机构调整、法人变更等各项过渡工作，并且依法适时建立健全对原有举办者（出资人）的激励和补偿机制。只有这样，才能稳定现有存量学校，吸引更多增量资金进入到教育领域里来。

二是进一步扩大社会力量参与办学的渠道，提高公共教育服务供给能力。

建议大胆探索混合所有制办学模式。在职业教育领域，支持和吸引一批上市公司、大型国有企业等社会组织或者公民个人以多种方式参与办学；支持民办学校管理者和骨干教师以资金、技术、专利、管理等形式出资，参与学校建设与管理，增强职业院校发展活力和动力，提高职业院校培养人才的质量。

建立健全政府与社会力量合作提供教育服务机制。在试点基础上，逐步推广政府和社会资本合作办学模式，鼓励社会资本参与教育基础设施建设和运营管理、提供专业化服务。在部分公办学校开展委托管理和购买服务活动，丰富公共教育服务提供方式，提高公共教育服务水平，扩大优质教育资源的辐射领域。在非义务教育阶段，扩大由政府提供基本公共服务之外领域的购买教育服务范围，探索引进社会力量，着力打造一批"灯塔学校"和"卓越课程"。对部分绩效不佳的公办学校，可以引进社会专业力量实施托管，激发办学活力，提高教育质量。

三是进一步深化公办院校办学体制改革，激发公办教育办学活力。

建议进一步解放思想、更新观念，深化普通高等院校办学模式改革。改革现行公办高等院校财政投入体制及用人制度，最大程度整合人、财、物资源优势，构建跨学校、跨学科，乃至跨领域、跨国界的协同创新机制，建立一批强力支撑区域经济社会发展、国内一流、世界领先的大学群及学科群。创新跨行业、跨部门的人才培养机制，建立产教深度融合、校企密切合作的"利益共同体"，多方联合培养能够适应卓越城市建设需要的各类创新性、发展型高端人才。同时，畅通科技成果向生产力转化的路径，让更多成果更好转化成支撑城市现代化发展的现实动能。

创新职业院校人才培养模式。依托院校主体专业的技术优势，直接与具有较高资质和较大社会品牌的行业、企业联合举办实体产业，将学业专业与行业、企业的整合程度作为学科专业建设的一项重要指标，让专业教师和学生有更多机会直接参与行业、企业的生产与管理，让行业和企业的技术人员直接参与学校实施性教学计划制定、课程开发和学生考核，促进职业院校师生角色的根本转变。实现职业院校与行业企业的深度合作，推行产教融合、工学交替、半工半读等培育模式。

四是构建各类教育紧密融合的终身学习体系，充分实现各种教育资源共建共享。

建议进一步树立大教育观念，以构建学习型社会为目标，着力破除体制障碍，打造各类教育紧密融合的终身学习体系。各级教育行政部门要抓紧研究制定科学、合理的非学历教育与学历教育资格的等值、对应关系及转换渠道，打破普通高教、职业教育、继续教育（包括高等教育内部）间相互分割的藩篱，打通各类教育资格等值转换渠道，稳步推进学校与学校、学校与行业企业、学校与教育培训机构、区域与区域及其相互间学习成果的互认，实现促进高等教育与职业教育（包含继续教育）、学历教育与非学历教育、正规教育与非正规教育、线下教育与线上教育的互相融通，构建全民终身学习的绿色平台和通道。

搭建纵向衔接、横向沟通的终身学习"立交桥"。以从国家到地方的学分银行平台为依托，以市民个人终身学习账户为依据，建立健全全民终身学习学分存储卡及其学习成果档案。推进高水平大学开放教育资源，完善注册学习和弹性学习制度，畅通不同类型学习成果的互认和转换渠道。完善学习者线上和线下学习成果认定、积累和转换机制，构建网络化、数字化、个性化、终身化的市民终身学习服务体系，实现"人人皆学、处处能学、时时可学"，让全体市民通过多样化、个性方式，包括利用教育信息手段，参与终身学习，提高自身素质，提升生活品质。

创设高校校区、科技园区、公共社区"三区"联动融合发展的环境。鼓励和支持各地建立多主体共同支撑区域创新体系建设和区域联动发展的机制，集聚不同类型创新要素，发挥特定区域创新发展增长极的带动和辐射作用，推动城市以及更大范围区域内的技术创新、增长方式转变和创新发展。加强"三区"之间相互合作，强化各主体之间资源整合，发挥"三区"之间信息交流、媒体宣传的纽带作用，推进高校、企业、科研院所以及社区之间合作创新、分享联动成果。

第二节 │ 城乡学校布局和教育服务机制改革重点

从我国基本国情出发探讨教育服务机制改革，各地城镇化的步骤和进程将在很大程度上决定教育服务格局。预计未来一个时期，需要将中小城镇和县城学校建设摆在突出地位。通过学校布局调整，促进城乡义务教育从均衡发展迈向一体化，扩大优质教育覆盖面。通过教育资源合理分配，实现优质教育资源均衡，促进城乡教育质量普遍提高。

一、城镇化进程中的各级学校布局规划设想

1．为城乡幼儿园中小学建设预留土地和发展空间

由规划、建设、财政和教育等政府部门，根据我国城镇化总体趋势和各地城镇化特点，共同合作搞好学校用地规划，优先规划和安排学校用地。为解决教育园区建设用地，各地着重从四个方面的政策措施加以明确：一是城镇总体规划须预留学校、幼儿园用地，对非营利性的民办学校、幼儿园实行划拨供地；二是城镇学校现有的划拨用地经所在地县级以上人民政府批准收回后，纳入土地储备，改变土地用途的，依法依规予以公开出让，出让收益按国家有关规定提取各项基金后，全部用于教育园区建设；三是农村学校土地因撤销、搬迁等原因停止使用后，经所在地县级以上人民政府批准可收回土地使用权，依法依规进行处置，适宜复垦为耕地的，列入城乡建设用地增减挂钩试点，增减挂钩周转指标优先用于教育园区建设；四是2010年从各省预留重大建设项目新增建设用地计划指标中安排土地，支持试点地区职业教育园区建设。

2．优化城乡教育资源，实现学校布局合理、教育集中投入、教师资源集约，并以此继续将农村中小学布局结构调整作为战略重点

按照"高中向城市（县镇）集中，初中向城镇集中，小学向乡镇集中，教学点向行政村集中"的教育结构布局的主要思路，有效整合教育资源，实现学校布局合理、教育集中投入、教师资源集约，推动教育事业持续均衡健康发展。根据农村经济发展水平、城镇化推进程

度和人口发展及学龄人口变化趋势规划，科学规划农村中小学布局。按照平原地区、丘陵地区、山区和深山区不同特点，因地制宜地合理规划中小学校，并根据需要适当预留发展余地。

3．加大农村幼儿园规划布局和建设力度

为加快学前教育发展，建立覆盖城乡、布局合理的学前教育机构网络体系，重点加强农村特区学前教育布局规划和重点建设。一是每个乡镇至少有一所标准化的中心幼儿园，进一步建立覆盖城乡的学前教育网络。二是以乡为单位，独立设置学前三年幼儿园，以行政村为单位，设置学前一年幼儿园，或以小学为依托开展幼儿园教育，拓展"一村一园"改革试点经验。[①]三是按照幼儿园建设标准，通过整合维修加固和改造布局结构调整后闲置的中小学校舍、教师培训，改建农村幼儿园，提高农村地区幼儿入园水平。同时，对村民（包括留守老人、留守妇女）集体举办的非法人托管幼儿站点，乡政府加强统筹指导，实行乡幼儿园专任教师到村走教机制。[②]

4．加强农牧区中小学布局规划

为确保所有适龄儿童都能入学，所有小学生都能升入初中，所有义务教育阶段的在校学生都不辍学，确保布局调整达到预期目标，进一步巩固提高"两基"成果，结合民族经济和民族教育发展能力提出以下对策：以满足民族地区学龄儿童少年受教育需要为宗旨，考虑民族地区居住特点，以乡镇及其以下小规模村级小学和教学点作为调整

① 中国发展研究基金会．3至6岁　一村一园：山村幼儿园计划［EB/OL］．https://www.cdrf.org.cn/hcyey/index.htm.

② 高书国．中国学前教育发展战略转型研究：从快速成长到规范发展［J］．教育科学研究，2019（06）：5-9+16.

重点，加大合并教学点的力度。在人口较多自然村合理布局幼儿园和小学低年级学校，在行政村布局完全小学，在农牧地区乡镇规划布局和推进标准化中小学校建设。科学合理地制定布局调整规划和实施步骤，防止随意性和盲目性，防止因布局调整而降低办学水平，造成学生流失。调整方案要向当地群众公示，充分听取社会各界的意见，得到群众的理解、拥护和支持。以县镇为重点加强高中阶段学校布局规划。在城镇化不断加快进程中，县镇地区将成为学校，特别是高中阶段学校布局重点区域。加强县域高中阶段学校整体布局和建设，对全国实现基本普及高中阶段教育目标意义重大。

5．注重学校布局调整程序，加强公众参与

学校的设置和布局结构调整必须服从和服务于国家的整体战略需要。要坚持以保障儿童学习权利为优先保障范围，国家必须制定特殊优惠政策，全面保障战略要点地区学龄儿童就学权利。要建立必需的调整程序。要让教育服务对象参与学校撤并，倾听家长、学生和社区人士的意见建议。要从成本和效益导向的学校调整方式，转向以方便、效益和均衡为导向的调整思路。村小撤并时，由学校、乡镇政府和村两委共同组织召开家长会，初中撤并时，由学校和乡镇政府共同组织召开家长会，统一学生家长意见，确保无一名学生因撤并而流失。同时，撤并工作本着"先建设、后撤并、重宣传"的原则进行，争取做到让人民群众满意。

二、城镇化进程中学校整体建设的对策思路

1．促进农村义务教育学校标准化建设

按照国家规划的总体要求，率先在农村地区推进义务教育学校标

准化。通过标准化建设，促使县（市、区）域内义务教育阶段学校布局科学合理，校舍建设达到标准，校园环境规范整洁，设施设备充实完善，教育信息化建设进一步推进，中小学办学水平明显提升；每一所农村完全小学、完全初中均实现校园占地面积、生均校舍建筑面积、专用教室设置、校均规模、班容量五项基本达标。原则上坚持小学村办，中学乡办，高中县办，农村非完全小学、完全小学、初中每班班额分别不超过30人、45人、50人。促进区域内学校合理布局、教育资源公平配置和城乡教育协调发展，逐步实现城乡教育一体化。

2．加强中心小学和乡镇初中建设

坚持"相对集中、方便入学、改善条件、确保质量"的原则，通过撤并、改造、新建等形式，集中力量在每一个重点镇、中心镇各造就一所教育质量高的小学和初中。要实现优势教育资源互补共享。对生源较少却覆盖面广、撤并阻力大的学校，可采取寄宿制办学模式，让偏远地方的学校和学生同样享有优质教育资源，促进义务教育均衡发展。要适当调整或撤销一些学校。坚持就近、集中、资源合理有效利用的原则，科学规划，分步实施，适当调整或撤销那些生源不足、办学条件差、教育质量低的学校，实现学校合理布局、教育集中投入、教师资源集约，以此推动教育的发展。一是切实加强乡镇中心小学和乡镇初中建设，切实改善保留的村级小学、教学点的办学条件，防止过度撤并村级小学、教学点。二是学校布局调整中闲置的农村校舍，优先用于举办农村学前教育和成人教育，用于建设学校计算机、音乐、美术等专用教室和图书室、实验室，提高了农村闲置校园校舍的利用效率。

3．加强特殊地区中小学校布局建设

所谓特别地区，指自然条件复杂艰苦地区、人烟稀少地区、边境

地区和海岛等地区。西部地区，特别是部分民族地区地广人稀，有一师一校点约9万个，占全国校点的80%以上；在一些高山、高原、高寒及牧区、半农半牧区和荒漠地区，80%左右的初中生、50%左右的小学生需要寄宿。

全面加强"国门学校"建设。以135个边境县为单位，率先在国门地区实现中小学建设标准化。在重视现代化教学设施建设的同时，重点加强学生宿舍、食堂、浴室、厕所等服务性工程建设，全面改善国门学校办学条件，提高办学水平。对于长期在学校住宿的学生，要给予特殊的关爱、帮助与支持，为促进民族团结、提升我国教育的影响力发挥重要作用。

加强建设海岛和深山地区"袖珍学校"①。岛屿是海岸的重要屏障和国家领土的重要组成部分，为紧密配合《国家海岛保护与开发规划》和地方性海岛开发规划，加强海岛开发建设和保护，维护公民受教育权利，重点加强海岛学校建设。一是适当减少海岛小学数量，合并学校，扩大办学规模；二是对必须保留的海岛加强建设，重点加强校舍、图书与教师建设和配备，使其成为硬件主要条件达标、教师配备满足教学要求、教育教学质量得到保障的"袖珍学校"。

4．推进民族地区教育协调发展

根据党和国家关于公共财政向民族地区教育倾斜投入的部署，在义务教育学校标准化、高中阶段教育普及攻坚计划、普惠性幼儿园建设等国家级重大工程中，民族地区均列为重点，为民族地区缩小教育差距、跟紧全国发展步伐指明了方向。对少数民族学龄人口，义务教

---

① 本子项目组将在校生人数在100人以下的小学、20人以下的幼儿园称为"袖珍学校"。

育阶段要继续确保控辍保学落到实处；高中阶段要扩大民族地区普通高中和中职学校培养规模，提高少数民族学生文化教育水平及实践技能；高等教育，特别是高等职业教育阶段，要重点适应民族地区经济社会发展要求，提高少数民族学生受教育机会，不断扩大继续教育参与率，促使新增劳动力和青壮年劳动力提高基本素质和技术技能，增强就业创业能力。

5.加强城市居民小区配套中小学建设

城市普通中小学校的建设规模必须根据批准的学校规模、城市建设规划的要求确定，城市小学、中学每班的班额分别不超过45人、50人。

一要加强城市居民小区配套中小学和幼儿园规划。

新建中小学校应当按照国家规划标准建设；住宅开发商应依法分担建设基础教育设施的义务，新住宅开发和旧住宅区改造时，建设规划部门应当根据学生就近入学入园的规定，规划配套建设或者改建扩建中小学校和幼儿园。努力做到中小学布局和新建住宅小区同步规划设计、同步施工、同步验收并交付使用。

二要加强城市居民小区配套中小学建设监管。

在调整城区中小学校规划建设、改变中小学校用地和建设规模时，事先要征得教育行政部门同意；在旧城改造时，对占地面积达不到国家规定标准的学校，要适度扩大校园面积，或以城市建设配套费的形式交纳中小学、幼儿园建设费。新建居民区配套建设的中小学，教育部门应提前参与规划设计，配合完成施工建设。新建住宅配套建设的中小学校应当由政府投资并组织建设。配套建设的学校应当与建设项目同时规划设计、同时开工建设、同时交付使用，不能同时交付使用的，不予办理竣工综合验收备案。

三、保障流动儿童和留守儿童受教育权利的思路

1. 保障进城务工人员随迁子女平等受教育权利

农民进城务工是经济社会发展的重要推动力量，在城乡发展中发挥着不可替代的重要作用。进一步解决好进城务工人员随迁子女接受义务教育问题，应从以下几个方面入手：一是充分考虑农民进城务工或从事服务业者的素质、技能、进城时限及对该市的国民产值和纳税的贡献，当其具备在城市生活和居住（含租房）的基本条件时，将其身份转为市民，给予市民同等待遇，其子女就学问题将迎刃而解。同时，出于对城市安全和承载力的考虑，特大城市暂不宜完全放开户籍管理和就学政策。二是坚持"两为主"政策，落实流入地政府及各职能部门的责任，落实"一视同仁"政策，对于符合当地政府规定接收条件的进城务工人员随迁子女不收借读费。加大农民工随迁子女义务教育经费投入力度，扶持规范民办打工子弟学校健康发展。三是大力提高农村教师水平，让临时进城务工者留守子女受到良好的教育，也是一项减轻农民工进城对留守子女负面影响的有效举措。四是研究制定长期在城市地区就学的农民工子女在城市接受高中阶段教育的相关政策，提高"第二代"农民工科学文化水平。

2. 提高寄宿制中小学建设标准和水平

全面推进标准化寄宿中小学建设。一是严格农村寄宿学校建设标准。以农村寄宿制学校的教学用房、学生生活服务用房和教学辅助用房的建设和改造为重点，加强农村寄宿制学校管理的制度化、规范化、科学化建设。二是加大对现有不达标的寄宿学校建设和支持力度，确保尽快达到寄宿标准，进一步加强基本生活学习设施建设，增加寄宿

制学校服务类人员的编制，提高寄宿制学校学习生活服务水平。三是有条件的地方和学校，要将教育信息化建设纳入建设范围，不断提高寄宿制学校信息化水平。

3．大中城市为进城务工人员随迁子女提供更高质量的教育

城市，特别是大中城市是城镇化进程的重要推动力量，也是接纳流动人口接受教育的重要地区。鼓励支持大中城市规划建设城乡接合部中小学，为接纳流动人口子女学习提供良好的公共教育服务。其一，要主动适应人口流动趋势做好城乡接合部学校规划。其二，支持大中城市城乡接合部学校建设，对于接收外来流动人口较多的大中城市给予适当经费补助。其三，规范城乡接合部流动人口学校建设。严格学校建设标准和办学准入标准，加强流动人口学校建设。严格取缔不符合办学条件的流动人口学校。

4．进一步加大中央本级财政转移支付力度

加强城乡公共教育服务体系建设。其一，完善中央财政转移支付制度，建立财政支持政策，对于接收进城务工人员随迁子女较多的城市给予补助。其二，提高农村义务教育家庭经济困难寄宿生生活补助标准，改善中小学生营养状况。其三，中央财政对于解决进城务工人员随迁子女接受义务教育问题较好的省份给予适当奖励。

四、未来我国农村教育规模及结构的发展趋势

农村与城市是人类生存和发展的两种社会形态，农村教育和城市教育是人类教育发展的两种形态。只要有人类存在，就会有农村社会；只要有农村存在，就会有农村教育。作为一种教育形态，农村教育永远不会消失，更不会被"消灭"。伴随着城乡一体化的推进，伴随

着农村教育发展水平、师资水平和教育质量的提升，一种有品质、有质量的农村教育完全是可以期待的。面对城镇化步伐的加快，农村教育遇到前所未有的挑战。统计资料显示，教育城镇化速度快于人口城镇化速度。地区教育快速城镇化和农村教育边缘化的趋势，反映了农村人口"用脚选择"的现实局面，需要对未来我国农村教育发展趋势特点做出科学判断。

1. 2030年前教育城镇化速度将进一步加快

据上海社会科学院预测，2030年，城镇学龄人口持续增长，形成新的城乡教育格局。其中，城镇学龄人口在学前教育阶段将增长29.4%，小学增长46.2%，初中增长57.0%，高中增长44.8%；农村学龄人口在学前教育阶段下降54.7%，小学下降53.8%，初中下降42.04%，高中下降29.0%。[①]另有数据显示，2025年城镇2482万初中学龄人口第一次超过农村2314万初中学龄人口，城镇高中学龄人口正在超过农村高中阶段学龄人口规模。此后，农村与城镇学龄人口大体形成2 : 8趋势，并保持相对稳定。

因此，小规模、高质量的农村基础教育是未来发展的要求，学前教育和义务教育呈现出城乡均衡、各具特色的格局，乡村中小学呈现出适度集中和分散办学结合的特点，小规模学校或教学点的比例将更高。农村小规模学校可以构建更符合当地生产生活需要的课程体系，有针对性地改进教学，采用本土资源进行个性化教学，当课程和教学不再完全以城市学校为参照时，当人才培养不再仅仅为城市学校输送生源时，农村学校办学质量将由于因地制宜、因材施教而质量更高、

---

① 高书国. 教育强国：中国教育发展战略选择［M］. 广州：广东高等教育出版社，2018：292.

特色更鲜明。探索小规模学校的常规态势和办学模式，是未来农村教育改革的一个重要着力点。

　　未来农村职业教育体现出更明显的正规教育和非正规教育的差异，正规职业教育更多呈现城乡一体化特点，各级政府应加大对农村学生资助力度，减轻农村学生外出求学的家庭经济负担；非正规职业教育需要加强培训的针对性，立足当地，通过网络等途径提供更有效持续的技术培训，更加紧密对接乡村振兴战略。

　　2．2030 年我国部分地区可能出现"教育逆城镇化现象"

　　当我国城镇化率 2030 年达到 70% 以上时，城乡教育普及水平差距全面缩小，未来我国农村教育在办学条件、经费水平、教师能力等方面将会有持续的提高，居民文化素质将更加均衡，农村地区质量不断提升的公共服务可能吸引城市人口回流，受教育人口同步回流会在农村地区引发教育逆城镇化现象。届时，为适应农村地区受教育群体多样化的需求，农村教育的目标和路径多样化特点将更加突出，在培养具有乡土情怀和人文关怀、能够有效促进当地经济社会发展的现代劳动力方面，彰显独特的优势。可以预期，部分地区农村教育需要做好培养目标和课程教学等方面丰富多样的准备，在从城市回流到农村的"新乡贤""新村民"的共同治理下，在乡村振兴战略推动和城镇教育现代化的辐射下，农村教育的可持续发展能力将不断提高，展示出旺盛的生机活力。

　　总之，在人类文化中，乡村文化是根，在人类教育中，乡村教育是根。无论城镇化发展到什么程度，农业经济、乡土文明、农村教育都将作为一种独立的形态永远存在。实现城乡融合、推进城乡一体化，是世界许多国家，特别是发达国家城乡发展的趋势。未来一段时期，我国传统"二元结构"的城乡教育将发生根本变化，尤其是随着新型城镇化和乡村振兴战略的同步推进，我国将以义务教育城乡一体化发展为起点，逐渐推展到其他学段和具备条件的地区。但是，必须强调的是，未来的城乡教育一体化，不是城乡教育一样化，也不是教育的去农村化或者完全城市化。农村教育必须反映农村生活，传承农村文化，培养农村人才。农村将长久存在，与城乡教育各具特色的农村教育也将长久存在，这既是教育形态演变的历史观，又是城镇化背景下我国教育形态多样性的现实要求。

集地域的乡村性、培养目标的多样性、文化的多元性、治理方式的自治性为一体的新时代新农村的教育，因其独特属性，必将成就其独特的社会价值。因我国幅员辽阔，农村资源条件各异，新农村建设路径多样，我国农村教育现代化也表现出多样多态模式，从人口自然流动型到政府主导聚集型，从文化内生型到产业驱动型，省、市、县三级政府在政府、社会和学校之间寻求着不同的力量组合，产生了不同的改革途径和结果，以政府主导的、通过授权和加强乡村自治、基于地方产业群和乡村文化传承的农村教育现代化模式，必然是我国农村社会、农村教育发展的未来方向。

第四章　构建政府、学校、社会新型关系的教育体制改革

党的十八大以来，在国家行政体制改革的重要牵引下，随着转变政府职能和简政放权的深入，中央和地方政府教育权责进一步明晰，省级政府教育统筹正在加强，各级政府沿着管办评相分离、放管服相结合的方向，清理规范教育行政审批，逐渐改变单纯依靠行政命令、计划调控的管理方式，综合运用立法、拨款、规划、标准、信息等管理手段，学校内部治理结构不断完善，推进学校治理现代化取得新的显著成效。

中共中央办公厅、国务院办公厅2017年印发的《关于深化教育体制机制改革的意见》提出，到2020年，教育基础性制度体系基本建立，形成充满活力、富有效率、更加开放、有利于科学发展的教育体制机制，人民群众关心的教育热点难点问题进一步缓解，政府依法宏观管理、学校依法自主办学、社会有序参与、各方合力推进的格局更加完善，为发展具有中国特色、世界水平的现代教育提供制度支撑。中共中央办公厅、国务院办公厅2018年印发《加快推进教育现代化实施方案（2018—2022年）》，明确要求深化教育领域放管服改革，深化简政放权、放管结合、优化服务改革，推进政府职能转变，构建政府、学校、社会之间的新型关系。上述重要政策文件阐明了近期构建政府、学校、社会新型关系的教育体制改革的总体思路和推进路径。

第一节 | 教育治理体系存在的问题与对策建议

一、教育治理体系的主要问题

党的十八大以来，随着党和国家部署的教育领域综合改革持续推进，人才培养体制、办学体制、管理体制、评价体制、保障体制改革全面深化，一些重点领域和环节取得突破性进展；考试招生制度改革全面启动，现代教育督导体系进一步完善。我国教育治理体系及治理能力正稳步走向现代化。但是，在部分地区教育治理方面还存在着政府管理教育越位、缺位、错位等现象，学校自主发展、自我约束机制尚不健全，社会参与教育治理和评价还不充分，亟待建立与完善基于教育管办评分离的学校自主办学体制与机制，还不能很好适应教育现代化建设的需要。①

1. 教育系统外部治理存在的主要问题

一是教育治理主体单一，社会参与治理程度不够。

主要表现在：一是政府、学校、社会相关的教育治理主体中，社会主体缺位严重，政府单边包揽教育治理的现象十分突出，教育共建共管局面尚未很好形成。二是行业企业参与办学缺乏联动机制，社会力量参与办学的热情还远未充分调动起来，公办教育办学动力不足。三是社会公众参与教育治理的机制不完善，渠道不畅通，教育决策科学化民主化程度还不是很高。四是由于缺少对第三方力量的主动培育和积极扶植，专业的社会中介组织发展迟缓，与教育相关的社会

---

① 王烽. 面向2030年的公共教育服务与供给侧改革［J］. 中国高等教育评论，2017，8（02）：3-14.

组织参与教育治理的能力十分薄弱，社会监督评价体系未能普遍建立起来。

二是教育治理方式传统，教育治理手段多样化和透明化程度不高。

主要表现在：一是有些教育行政部门推进"简政放权"及清单管理步伐较慢，有些地方依旧管了很多不该管、管不好的微观事务，而一些该管的宏观事务则又没有管或管不好。二是教育相关法律法规及行政规章之间规定还不协调，有些管理部门自由裁量权过大，政策随意性较大。三是传统行政命令式的管理方式依然普遍存在，参与、对话、协商等方式运用较少，服务理念贯彻不到位，服务型政府建设仍有待加强。四是教育系统"文山会海"问题依然明显，重发文开会、轻执行监测评估较为普遍，不少改革动作和政策措施只是停留在口号层面，而没有完全落实到基层。五是教育治理手段比较传统落后，信息化智能化程度偏低，影响了治理效能。

三是教育治理过程单向垂直，社会共识达成机制尚不健全，纠错机制不完善，各层级治理主体自主性有待激发。

主要表现在：一是教育治理向度大部分是自上而下的，缺少自下而上、上下沟通的渠道，难以形成政府决策、专业研究、社会舆论之间交流顺畅、良性互动的格局。二是治理机制不健全，缺少形式多样、方法灵活的协商机制、决策纠错机制、行政问责机制、办学监督机制等。三是公众参与教育治理层次较低，在教育论证、评估、听证等方面大多是选择性参与。四是没有发挥社会规范、行业规范在协调教育关系、约束教育行为、保障群众利益等方面的作用。五是教育问责制不完善，教育相关利益者的职责、指标、表现、评估及奖惩等相关制度的建设还存在诸多漏洞。

2．教育系统内部治理存在的主要问题

一是学校法人地位没有完全确立，公办学校自主发展活力有待增强。

我国《民法典》规定，法人是具有民事权利能力和民事行为能力，依法独立享有民事权利和承担民事义务的组织。《中华人民共和国教育法》第三十二条规定，学校及其他教育机构具备法人条件的，自批准设立或者登记注册之日起取得法人资格。由于长期以来政事不分，公办学校事实上成为政府下属部门或附设机构，其本应拥有的独立法人主体资格始终没有完全确立，故很难在民事活动中依法享有民事权利、承担民事责任，仅在涉及法律纠纷或诉讼时才显现学校法人性质。学校法人地位不独立，是导致公办学校自主发展活力不足、缺乏自我约束能力的主要原因。

二是公办学校内部治理制度存在薄弱环节，各类微观主体参与治理动力不强。

在学校缺乏独立运行和自主发展能力的情况下，公办学校法人治理结构自然难以健全，突出体现在学校内部决策机构、执行机构、监督机构的主体缺位、功能缺失，缺乏有效的激励相容、绩效考核和责任追究机制，加上公办学校负责人委任选任制度不够健全等因素，管理层很难实现"职业化"和"专业化"，从而导致学校领导层只对上负责而不对下负责，只求团结稳定而不愿改革创新，只重短期效益而缺乏长远考虑的局面，影响了学校的可持续发展。

三是部分民办学校举办者功利导向明显，存在比较严重的内部人控制现象。

由于产权关系不清，法人财产权没有落实，相当一部分民办学校

在治理结构上以及内部各类权力主体之间，存在"分工不明、关系不顺、程序不清"的现象，普遍存在"资本雇佣劳动"和内部人控制问题，导致决策机制不够完善，执行机制出现扭曲，监督机制严重缺位，造成不少民办学校重大决策的盲目性、随意性，内部管理的无序性、低效性，从而造成了组织制度不健全、党的建设不够实际到位、教师权益无保障、办学行为欠规范等一系列问题，严重影响了民办学校良性运行和健康发展。

二、推进教育治理体系创新的对策建议

第一，明确财权事权划分，更好搭建各类主体共同参与教育治理的新格局。

按照党的十九届三中全会审议通过的《中共中央关于深化党和国家机构改革的决定》和《深化党和国家机构改革方案》，进一步明确界定各级政府在教育事务上的权力行使边界和层次，统一各级政府的财权与事权。一定要坚持教育事权法治化方向，深化行政体制改革，完善教育行政组织和行政程序法律制度，实现机构、职能、权限、程序、责任法定化，从源头上解决教育治理中存在的政府"缺位""越位"和"错位"问题，以激发不同层级治理主体的积极性和能动性。要进一步发挥有效市场和有位政府的作用，在资源配置及教育治理上退出政府不擅长的领域，释放社会组织参与教育治理的公共空间。深入推进管办评分离，完善社会参与教育决策、舆论监督、学校治理方面的机制，构建政府、学校和社会新型的协同治理关系，实现治理主体多元、治理体系包容、开放的治理新格局。建立健全形式多样、方法灵活的对话、协商、谈判机制，谋求教育发展的社会共识，健全教育决策的纠

错机制、教育行政的问责机制、校长办学的监督机制，推进以行业规范、教育机构章程、教师群体公约为基本内容的社会规范建设。

第二，深化管理机构改革，全面提高教育行政部门的组织效能和履职能力。

顺应形势发展需要，加强顶层架构设计，按照精简、统一、效能的原则，整合现有政府职能和机构，设立"宽职能少机构"的大部门体制，优化各级教育行政部门的组织结构，建立适应教育现代化要求的机构体系框架，理顺教育系统内各部门之间的职责关系，探索建立决策、执行和监督既相互分离又相互协调的组织形式和运行机制。深入推进"放管服"改革，按照"法定职责必须为、法无授权不可为"原则，在教育系统全面实行权力清单、责任清单、负面清单制度，建立规范精简高效的教育行政审批流程，创新行政管理方式，改进和提升教育管理服务质量。要完善教育立法和实施机制，提升教育法治化水平。要提高管理部门服务效能，建立和规范信息公开制度。

第三，完善教育督导评估机制，切实实现管办评分离。

中共中央、国务院印发的《深化新时代教育评价改革总体方案》和《国家教育督导条例》的要求，完善全方位、多层次的教育督导制度。在目前全国一半以上地区建立有独立行使督导职能教育督导机构的基础上，到2030年覆盖所有省区市。坚持督政与督学并重、监督与指导并重，定期开展教育执法检查活动，督促各级政府全面履行法定教育职责，切实保障教育经费投入，依法维护公办学校、学生、教师、校长权益；健全教育督查问责机制，强化对地方政府落实教育法律法规和政策情况的督导检查，建立督导检查结果公告制度和限期整改制度，并将区域教育改革发展情况，作为考核各级人民政府及其相关部门履行法定职责、改进公共服务的首要内容。同时，加快探索第三方教育评估评价制度，建立起由社会专业机构和各方面力量共同参与的教育治理机制，促进政府职能转变，提高教育治理能力，增强评价的专业性和客观性。

第四，深化事业单位分类改革，确保学校依法自主办学。

深入落实党的十九大和历届中央全会精神，深化事业单位分类改革，推动公办学校与政府理顺关系。充分尊重教育规律，深化学校管理人员职员制改革，建立符合学校特点的管理制度，着力克服行政化倾向。全面确立学校法人主体地位，依法落实学校各项办学自主权，切实保障学校规范办学，健全以学校理事会为主要平台的校内外参与监督机制，提高治理效率和服务满意度。公办高校坚持和完善党委领导下的校长负责制，中小学校实行党组织领导的校长负责制，进一步加强学校党委（党组织）的政治领导核心地位。按照现代学校制度原则，提高"三重一大"决策的科学化民主化水平，探索建立符合现代学术组织特性的高校校长遴选机制，推进中小学校长职业化。加强中小学家长委员会建设，完善职业院校理事会制度，保障高等学校学术委员会和职业院校专家委员会履行职责。

第五，建立健全民办学校法人治理制度，规范和促进民办教育健康发展。

推进民办学校法人治理制度建设，鼓励民办学校按照非营利性和营利性两种组织属性开展现代学校制度改革创新。重点是要建立学校法人产权制度，健全内部法人治理结构，完善法人外部治理环境。当前和今后一个时期，按照新修订的民办教育促进法及其实施条例、国家有关促进民办教育健康发展相关文件精神，结合民办学校分类管理的实施和推进，积极稳妥地落实并确立民办学校的法人财产权；切实加强民办学校党的建设，进一步完善党组织在学校决策和办学中的政治保障作用；建立健全董事会领导下的校长负责制，推动校长队伍职业化发展；在依法设置民办学校监事会等内部监督机构的同时，从实际需要出发，适时建立起强有力的外部公共问责制。目前，国家对非营利性和营利性民办学校（教育机构）分类管理、实施差别化扶持政策，积极引导社会力量举办非营利性民办学校。同时，考虑到现阶段民办教育主要以投资办学为主的基本国情，允许举办者在法律规定的"负面清单"以外，根据志愿选择非营利性办学或营利性办学。但是，即便是营利性学校，仍然要坚持教育公益属性，始终把社会效益放在首位，并且其办学行为同样要受到相关法律法规及行政规章的调整和规范。综观近期诸多教育资产上市的操作套路及运行特点，虽然从形式上看并没有直接违反现行相关法律规定，但在不同程度上背离了教育公益性原则，或多或少侵害了学校、教师和学生等不同主体的相应权益，已经引起监管部门的密切关注和高度重视，其必将会在制度层面采取相应的措施加以严格规制。[①]

第六，综合运用现代化管理及技术成果，推动教育治理方式及手段创新。

加强党对教育事业的全面领导，需要以立法为基本手段，综合运用法规、规划、标准、政策、公共财政、信息服务等手段引导和支持各级各类教育发展。充分利用市场机制在调配教育资源中的重要作用，健全政府补贴、政府购买服务、助学贷款、基金奖励、捐资激励等制

---

① 董圣足.论教育资产上市的不可持续性——基于香港联交所上市教育企业的情况分析［J］.华东师范大学学报（教育科学版），2020，38（10）：78-88.

度，以负面清单形式，支持和规范各类市场主体参与举办教育。利用信息技术和智能技术，实现数字时代政府治理变革，建立基于空间识别、群体定位和多元节点的透明治理、智能治理，提高决策的可预测性。基于学校办学实际需要，探索建立委托独立社会第三方机构向学校提供经费拨付、师资培训、专业服务等间接治理机制。在此基础上，探索建立由各方面力量共同参与的教育监测和评估新机制，建立科学化、信息化、长效化的教育治理机制。

第二节 ｜ 学校依法自主办学的问题与对策建议

一、学校自主办学的问题分析

推进学校治理现代化，构建政府、学校、社会之间的新型关系，既是构建职责明确、依法行政的政府治理体系，建设人民满意的服务型政府的重要任务，也是聚焦办好人民满意的教育、深化教育领域综合改革的必然要求。特别是2015年教育部开展教育管办评分离改革试点工作以来，以管办评分离为基础的教育治理改革在全国各地均有推进，相关省市同步推进区域内的改革试点工作，政府、学校与社会各界共同参与教育治理的共识度进一步提高，政府主导、部门协同、教育推进、学校自主、社会参与的改革氛围与对话环境逐步完善。[①]

1. **政府的简政放权意愿与改革力度不均衡**

实行教育管办评分离，促进现代教育治理体系现代化建设，需要政府和教育行政部门简政放权。但是，一些教育行政部门在思想认识

---

① 张力. 政府治理新体系建构中的学校治理现代化［N］. 中国教育报，2020-03-12（006）.

上对基于统治的"教育管理"与基于多元参与的"教育治理"的差异、对下放办学自主权之于促进学校自主发展的意义与价值、对基于清单管理的教育治理模式的认识并未到位。这一方面是由于缺乏相关简政放权的法律依据、权力下放之后的多主体参与治理制度与机制尚未健全，另一方面是由于一些地方的教育主管领导对学校自主办学的能力与责任心缺乏信心，想放又不敢放，想做又不敢做，部分地区对教育治理改革持观望态度，或迫于压力小修小补，或照搬其他地区的改革措施，清单管理形同虚设。当然，也有的地区注重在改革实践探索基础上，以教育法律法规建设促进和保障学校自主办学权力。如青岛市人民政府2017年颁布《青岛市中小学校管理办法》，以地方法律规章形式规范了"校长可以按照规定提名、聘任副校长"、学校"自主招聘紧缺专业和高层次人才""自主设置内设机构，按照规定选任机构负责人"等长期困扰中小学自主办学的难题。

2. 府际关系影响教育治理改革进程

府际关系，指政府之间在垂直和水平上的纵横交错关系，以及不同地区的政府间关系。对同一地区而言，横向府际关系主要存在于同级政府内设部门之间。其中，教育行政部门是区域教育事业发展的主要责任部门，而发展和改革委员会、组织、编制、人事、财政等部门承担着不同的教育管理责任。但是，在具体的改革实践中，教育行政部门与这些职能部门之间的沟通并不顺畅，相互扯皮推诿的现象屡有出现。在改革实践过程中，一些地区尝试由教育行政部门统筹政府相关职能部门的教育管理活动，如《青岛市中小学校管理办法》规定，有关部门开展与中小学校有关的评审、评比、评估、竞赛、检查等活动的，应当于每年11月底前向教育行政部门提报次年计划，由教育行政部门编制目录并于次年年初向学校公布。这一举措既有效保障了政府相关职能部门的教育职能，又在很大程度上为学校创造了安静的教育教学环境，使学校能够潜心办学。①

3．学校对办学自主权有较高期待

部分地区和学校对学校治理的认识尚存偏差，对学校治理的理念认识不到位，多是从"要权""有权"的维度来理解自主办学权，相对忽视"用权"与"限权"，忽视学校自主办学的责任。学校对自主设置内部机构、自主选聘部门负责人、自主选聘教师、自主使用办学经费等方面的办学自主权的期待较高，其中，普通高中的办学自主权要求高于义务教育学校。基础教育集团化办学是更多依靠专业力量缩小中小学校发展差距的一种探索。近年来，集团化办学提升了成员学校的教学和管理水平，培育了一批新的优质学校，创造了学校之间有效合作的多种模式，但也需要直面牵头学校压力过大、成员学校办学自主性积极性降低、集团内学校同质化等问题和挑战，需要赋予新的价值内涵，助推基础教育高质量发展，承担教育教学改革新任务，深化育人方式改革。为此，要通过优化集团的治理结构和治理机制，推进放管服改革，构建集团治理新格局。②

4．学校章程建设存在同质化倾向

学校章程作为学校的"宪法"，是学校依法自主办学的重要依据。针对我国长期以来无章办学、学校章程设计不规范、有章不依、缺乏

---

① 范国睿，孙勇．关于研制规范和促进中小学办学的地方规章的建议［R］// 上海市教育综合改革专家咨询委员会秘书处．教育决策参考，2017（434）．
② 王烽．高质量发展导向下集团化办学新视野［J］．中小学管理，2022（05）：10-14.

有效监督等现象[①]，教育部要求到2015年全面形成一校一章程的格局。在推进现代学校制度建设的进程中，各地均贯彻落实"一校一章程"的要求，以章程建设为抓手，探索建立现代学校制度。在"一校一章程"的任务基本完成之后，发现某些地方是由教育行政部门通过下发"章程模板"，让各级各类学校以填空方式在短时间内完成的。学校章程文本普遍存在较为明显的同质化现象，缺乏对各个学校的办学宗旨、发展愿景和价值观的阐述规定，也缺乏对学校文化的述介。

5. 学校内部治理结构有待优化

学校作为事业单位法人，其内部治理结构实质上是对学校组织权力运行的制度安排，规范和平衡学校决策、执行和监督等权力关系及相应的组织运行机制，以实现各项权利之间的清晰划界，保障决策、执行、监督彼此分离，调动不同利益相关者参与办学的积极性。在具体的学校实践层面，多数学校突破传统的教导处、德育处（学生处）、总务处等组织架构，重视校务委员会、教职工代表大会、家长委员会的组织建设及其参与机制。一些学校从改革与发展的实践出发，突破传统管理模式，尝试建立决策权、执行权、监督权三权制衡的治理结构。

6. 学校监督评价机制尚待完善

教育管办评分离改革，需要加强对学校的监督评价。校务公开被视为学校监督机制的重要举措，但义务教育学校和高中的校务公开不尽相同，一些学校的校务公开并没有发挥理想的监督作用，学校自我评价的机制有待完善。多数地方的教育行政部门领导和学校校长愿意将一些专业服务、专业评价事务交由第三方社会组织实施，但现有社

[①] 陈立鹏，梁莹莹，王洪波.我国中小学章程建设现状与思考［J］.中国教育学刊，2011（01）：24-28.

会组织的专业资质与评价能力尚待提高。此外，在社会组织参与教育评价机制上，许多地方仍以教育行政部门直接授权为主，社会组织通过公开竞争的方式参与教育服务和评价的机制有待完善。

二、教育治理理念的价值引领

教育治理现代化的改革，是一个教育治理价值导向调整优先于教育治理技术革新的过程。教育治理现代化，要在追求和实现教育治理的民主化、法制化和科学化的同时，促进教育公平，要全面贯彻党的教育方针，坚持社会主义办学方向，立德树人，才能保证教育治理现代化始终走在正确的轨道上。[①]

1．以教育治理理念引领学校自主办学

教育治理意识包括教育治理的公平意识、主体意识与效率意识。从强化教育治理的公平意识来讲，需要严格规范公权力，不断完善相关规则和规范，保证教育的公平和正义。从强化教育治理的主体意识来讲，需要以"清单管理"方式，从法律层面厘清与规范政府管理教育的具体职能，界定多元教育治理主体的权责关系，明确各主体参与治理的权利、义务、职责、范围、程度；需要依法清晰界定和保障学校自主办学的权利，规范学校办学责任；需要不断创新社会参与机制，疏通社会参与渠道，调动有利于教育发展的各类主体共同参与教育事务，使管理主体逐步从一元走向多元、从单向走向互动。

2．营造有活力的学校

学校是一个生态系统，作为外部环境的教育管理体制与管理机制，

---

① 范逢春. 教育治理现代化需价值引领［N］. 中国教育报，2014-09-26（006）.

影响和制约着学校活力。学校活力，表现为学生的健康成长，学校教育是教师引导、帮助学生在学校及师生共同设计的各种学习与活动中主动学习、自主学习、自主发展的过程；学校活力，表现为普遍存在于学校领导与广大教职员工身上的共同的育人价值追求、教育理想、责任与使命，表现为每一位教职员工对因其所肩负的特定任务与使命的认知及对这种使命达成过程的全身心投入所带来的存在感、获得感与成就感，表现为他们在这种努力与追求中的真诚合作以及由此带来的自我实现与情意发展；学校活力，表现为学校制度与运行机制激发、促进与保障学校内部组织与个体充分发挥其积极性与创造性。

三、学校章程与学校制度建设

随着教育治理体系的建立与完善，政府和教育行政部门逐步将办学权下放给学校，如何用好权成为学校依法自主办学的难点。这就要求学校以章程为依据，优化内部治理结构，提高自主办学能力，自主决策，自主运营，自主发展。

1. 学校章程建设

学校章程是建立现代学校制度、促进学校健康持续发展的法理依据。学校章程作为学校的"宪法"，是学校依法自主办学的重要依据。学校需要从自身情况和特色出发，制定、修订和完善章程文本，彰显学校办学理念、办学目标、办学特色；需要依据学校章程，变革学校行政化的管理体制，建构多元治理主体参与学校治理的新格局；需要依据学校章程，确立学校重大事务的科学决策与民主决策机制；需要依据学校章程，进一步凸显学校办学特色。

2．学校规章制度建设

学校要以章程为统领，理顺和完善各种规章制度，健全自主办学、自主管理的制度体系，制定或修订学校的民主管理制度、岗位责任制度和常规管理制度。[①]其中，民主管理制度主要包括校务委员会制度、教职工代表大会制度、学生代表大会制度、家长委员会制度、民主生活制度、教职工评议制度、公示制度等，岗位责任制度涉及学校教师、管理人员、教辅人员等各类人员的岗位责任制度、考核评价制度、薪酬制度等，常规管理制度包括行政管理制度、教育教学管理制度、学生管理制度、学校物资管理制度、学校安全管理制度、对外合作与交流制度等。通过各种规章制度，建立健全学校内部机构组织规则、议事规则、管理流程与办事程序等，形成健全、规范、统一的制度体系，保障办学自主权的运行。

四、建构多元参与的学校治理机制

1．优化学校内部治理结构

基于多元参与的学校治理理念，客观上要求在教育行政部门向学校下放自主权的同时，健全与完善普通中小学校长负责制，推进学校多元参与治理机制建设，完善学校理事会、学校校务委员会、教职工代表大会、家长委员会、社区教育委员会制度。在学校重大事务决策层面，探索实施由教师、家长、社区人士、专业人员及学生代表组成的校务委员会，健全科学决策与民主决策程序，重大决策要例行公众参与、专家论证、风险评估、合法性审查、集体研究决定等程序，建

---

① 万华.中小学依法治校的误区及其消解策略［J］.中国教育学刊，2016（08）：10-15+50.

立学校重大决策、重要合同和文件合法性审查机制，确保学校依法依规办学。在决策执行的过程中，构建由不同主体、不同部门构成的权力矩阵，充分发挥教职工代表大会、家长委员会、学生会以及社区相关部门在学校治理中的作用，加大利益相关者在学校治理中的参与度。推进教师学生自治组织建设，推动实现学生自我管理、教师学术自我治理。

2．促进教师共同体建设

教师的劳动是一种合作的、共同发挥作用的劳动。教师专业发展共同体可以支持和帮助教师改进和完善自身的教学实践，使教师应对环境变化和新挑战。教师因专业"自觉"而聚集在一起，并由此形成既呈现个性发展需求又有共同的发展方向的"共同愿景"。不同年龄、不同学科的教师相互学习，彼此借鉴，形成了既有学校和共同体的共性特征又有学科与个体差异的专业风格。教师共同体的实质是营造彼此学习、共同学习的平台、氛围、机制与文化，包括成员间的民主与平等，开放与包容，悦纳与欣赏，互助与引领，批评与反思，调整与改进，协同与合作，等等。教师共同体发挥着专业引领的作用，参与共同体的老教师、名师、学科带头人，带有行政色彩的备课组长、教研组长，以及共同体邀请、诚聘的校外专家，以教学指导、教学示范、教学诊断、课堂评价、作业与考试分析与评价、理论研讨等我们通常所谓"传、帮、带"的途径与手段，指导、点拨共同体个体成员的教学改革、教育教学研究以及生涯发展，促进教师专业成长。

3．完善家校合作机制

学校要以开放的办学心态接纳、吸收有利于学生发展的社会资源，以完善的体制机制，构建和谐教育生态。多元参与的学校治理机制，要求学校和教师充分尊重家长的权利。家长委员会是具有广泛民意基础、能够体现广大家长意愿的家长自治组织，代表广大学生、家长行使其基本权利，与学校平等对话、合作共商。学校要向家长公开相关学校事务，使家长知情，提高家长对学校教育的满意度；学校要通过网络、问卷、座谈、电话等多种渠道听取家长关于学校改进的意见和建议，并进一步反馈学校改进的措施与成效；学校要充分挖掘家长教育资源，使家长成为共建课程资源的重要力量，共建学校课程，拓展课程资源，为学校教育与学生发展服务；学校要以制度保障家长参与学校教育质量的监督，建立与完善教育教学质量保障系统。

4. 完善购买教育服务机制

在学校多元治理机制建设与完善过程中，涉及购买教育服务、第三方参与办学的行为逐渐增多。政府购买教育服务是以教育市场化为导向的教育改革的重要组成部分。近年来，随着政府行政管理和社会治理的职能优化，各类提供专业化服务的教育中介组织应运而生，教育服务市场不断发育和完善，迫切需要制定规则与规范，促进教育服务市场的有序健康发展。

五、学校治理的监督、评价与问责机制

在依法自主办学过程中，学校需要自觉主动地向社会公开办学过程中的重大事务，接受社会监督；在自我评估的基础上，接受来自政府和社会专业组织的监督与评价；对办学过程中的违规、违纪行为，应依法、依章问责。

1. 校务公开与社会报告制度

推进教育治理体系现代化，客观上需要建立与完善学校校务公开

与社会报告制度，及时向社会展示学校改进、教育质量与办学水平的真实情况，提高学校治理以及学校教育教学事务的透明度，使政府、社会公众、家长等教育利益相关者有根有据地了解、认识、监督和评价学校办学水平与质量。学校应在严格落实执行信息公开意见的同时，进一步探索信息公开与学校社会报告的机制与程序，既适时发布学校发展过程中的程序性、即时性信息，又定期发布学校发展的阶段性报告、总结性年度报告，让社会了解学校的发展轨迹、经验与成就。同时，积极探索互联网、大数据时代教育信息的数字化发布机制，兼顾线上和线下，使关心教育的公众都能获得有关学校的信息。

2. 发展性多元评价制度

对学校办学过程与教育教学质量的监督和评价，是学校依法自主办学的有力保障，这就要在逐步革除评价主体上的单一行政评价、评价标准上的单一学业（考试）成绩评价的过程中，建立与完善以学校自我评价为基础、以教育督导评价为主导、积极引入社会组织的专业评价的多元化评价制度。

一是建立和完善学校自主发展评价体系与机制。

构建学校自主发展性评价机制的根本目的，在于激发学校自我监督、自我发展的内驱力，需要改变以往由注重学校办学条件改善，转向关注学校内涵发展；改变外力驱动发展模式，实现内生动力的自主发展模式。建立以学校发展规划为起点、保障规划科学有效实施为基础、评价学校发展目标达成度为重点的学校评价指标体系，努力构建学校自评与外部评价相结合、学校自主发展与多元监督指导相统一的评价新机制。

二是构建与完善督政、督学、监测三位一体的教育督导体系。

　　进一步强化教育督导的独立性，恰当地处理好督导部门与政府部门的权责划分，有效发挥教育督导的督政职能；教育督导作为与政府和教育行政部门有着天然紧密联系的评价部门，在参与政府教育标准研制的过程中，发挥着专业支持和政策导向的重要作用；进一步提高教育督导的专业性，在广泛开展的教育质量监测过程中，不断积累基于区域性大数据的教育证据与经验，建立区域性教育评价数据库，进而有效提高教育评价的科学性，以及区际、校际的公平性。

　　三是积极发挥"第三方"教育评价的功能。

　　社会组织具有参与管理、共同决策、专业支持、权力制衡、绩效评估等多种功能。针对当前第三方教育评价组织本身数量不足、资质不高，第三方参与评价的机制不健全等问题，需要大力培育专业化的教育评价机构（组织），帮助其提高参与教育评价的技术、方法、工具等专业资质，发挥专业组织中专业人才和技术优势在教育评估监测中的作用。进一步完善社会组织参与评价的准入机制，完善政府购买专业教育评价服务的机制，完善第三方教育评价组织独立开展并发布评价结果的机制，对学校教育进行客观、公正、公开、透明的评价，全面、及时地反映学校自主发展的状况。

　　3．学校问责制度

　　完善教育问责机制，是推进教育治理现代化的重要环节。学校问责制就是以学校发展的多元评价结果，对照国家或地方教育标准，对照学校章程，对照学校发展规划，评价结果与学校的绩效考评挂钩，寻找学校发展差距与不足，进而对学校发展过程中的重大失误与不足追责。在这一过程中，需要建立与完善科学规范的问责程序与问责处理方式。

六、学校治理的法律顾问与救济机制

学校在依法自主办学过程中，难免会遭遇种种挑战与困难，为学校及相关人员提供必要的法律咨询、顾问以及法律救济等法律支援，是学校依法维护办学权益及相关个人权益的重要保障。

1．学校法律顾问制度

《全面推进依法治校实施纲要》指出，中小学应当指定专人负责学校法律事务、综合推进依法治校，有条件的学校，可以聘请专业机构或者人员作为法律顾问，协助学校处理法律事务。在依法治校的背景下，学校聘请法律顾问的实质就是维护学校、教师、学生及家长的合法权益，通过提供及时、专业的法律咨询服务，帮助中小学规避或降低法律风险。法律顾问的服务内容包括：参与学校仲裁委员会的活动，为解决学校内部纠纷提供咨询；为维护学校整体（教职工、学生）合法权益，代理学校参与诉讼、仲裁和复议等活动；参与学校决策的法律论证，协助学校规范各项规章制度；参与学校涉外活动中合同和协议的草拟和审查工作，并提出法律意见；协助学校定期或不定期对教职员工和学生进行法治宣传教育和校园安全培训等，提高法治意识和能力等。

2．学校法律救济制度

法律救济是指当相对人的权利受到侵害时，相对人可以通过法定程序和途径使受损害的权利得到法律上的补救。教育法律救济，需要建立区域和学校内部纠纷调解（仲裁）委员会，由学校管理者、教育行政部门、教师及相关利益主体代表构成，注重发挥教职工、学生、家长、专业法律人员（法律顾问）在基层调解组织中的作用，由其对学校纠纷事件进行交涉处理。需要建立与完善教育申诉制度，学校师生在对学校处理结果不认可的情况下，通过向上级教育行政部门提出申诉，教育行政部门对学校工作进行监督审查，从而达到教育系统或学校内部自我纠偏的效果。如果教育系统内部的监督与纠错机制仍不能解决问题，就需要通过司法诉讼来维护合法权益。

七、学校自主办学的保障与支持

1. 学校自主办学的法治保障

学校依法自主办学，推进教育治理体系现代化建设，需要通过法律、制度和机制建设，营造良好外部支持环境和法治依据。加快推进《学校法》立法进程。依法治校的前提是有法可依。我国当前已有的相关教育法律在一定程度上为学校依法自主办学提供了法理依据，但是，面对不断涌现的新问题、新挑战，教育组织管理的新形势以及教育治理中多元参与的新格局，相关法律问题仍十分突出，迫切需要制定《学校法》。需要进一步梳理《教育法》《义务教育法》《高等教育法》等法律文本中与学校法律相关的内容，积极推动《学校法》立法进程，规范学校与政府、学校与社区、学校与家庭、学校与社会组织的外部关系，规范学校内部治理结构，指导现代学校制度建设和学校自主办学实践。

鼓励和支持地方制定学校自主办学规章。在国家立法资源有限的情况下，地方教育法治与政策制度建设对区域教育治理将发挥重要作用。青岛市颁布《青岛市中小学校管理办法》，以地方法律规章形式，规范了多年来困扰学校治理的人、财、物等热点难点问题，为全国地方教育立法提供了路径和启发。受此影响，北京市等地区也在制定学校条例,寻求通过地方立法扩大和落实学校办学自主权。制定与完善学校自主办学的地方规章,需要围绕完善和发展中国特色社会主义教育制度、推进教育治理体系和治理能力现代化这一总目标,以落实学校办学主体地位、激发学校办学活力、规范办学秩序为核心任务,率先形成政府依法管理、学校依法自主办学、社会各界依法参与和监督的教育公共治理新格局,明确不同利益相关主体参与基础教育办学的权责关系,落实学校办学主体地位,明确办学责任,规范学校办学与教育教学秩序,维护健康教育生态与公平正义,促进中小学生健康快乐成长。

2. 学校自主办学的技术支持

当今时代,以大数据、云计算等为代表的教育信息化正在引发教育领域的一场深刻变革。教育管办评分离改革,客观上离不开基于信息化的技术支持。以信息化助推学校治理现代化。在教育治理现代化进程中,需要以国家教育管理信息系统为核心,发挥各主体作用,建设各级教育管理行政部门和各类教育机构的管理信息系统,构建全国教育管理信息化体系,通过全国教育管理信息化体系的全面应用,在保障教育信息系统完整真实地反映教育事业发展的基础上,建立与完善教育信息公开发布机制,提高教育治理透明度,规范管理过程,从而加快教育决策的科学化民主化进程,促进教育从管理到治理的转变,实现教育治理的现代化。[①]

建立与完善基于大数据的学校治理体系。学校治理能力的现代化,需要建立在科学决策基础上,而科学决策又离不开大数据的支持。建

---

① 任友群. 教育治理视角下的教育管理信息化顶层设计 [J]. 中国教育信息化,2014(18):21-25.

立与完善学校教育的大数据系统，充分利用现代信息技术，集成教育统计数据，有效连接经济社会发展、国际比较等教育数据资源，同时获取用来反映教育发展需求、绩效与问题挑战以及重大事件方面的非结构化数据信息，通过数据归类、知识转化、数据分析和数据挖掘，形成有意义的"证据"。

第五章　面向全民终身学习需求的教育制度创新

终身学习理念深深根植于人类发展进程之中，在许多文明、社会和宗教中都有所反映和传承。中国先秦荀子即有"学不可以已"之训，民谚"活到老、学到老""学无止境"也体现了中国悠久的终身学习传统。当今世界处在深刻变化和调整之中，科学技术日新月异，国民经济和社会发展的各行各业必须加速适应新形势新变化，妥善解决事关发展全局的问题，特别是受产业结构调整影响，人们谋生就业也遇到前所未有的挑战。国家财富的增长和民众福祉的提高，越来越依赖知识和创新的累积，也就是越来越依靠深度开发的人力资源。相应地，涉及全体国民的终身学习制度建设和体制创新，势必成为促进经济社会可持续发展的重要动力。

联合国教科文组织、经济合作与发展组织、欧盟委员会等国际或地区组织都在致力于保障每个人受教育权利，强调终身学习（lifelong learning）或终身教育（lifelong education）对促进经济社会发展进步的重要作用。联合国教科文组织1972年发布的《学会生存——教育世界的今天和明天》（简称《富尔报告》，Faure's Report，以专家组长命名）[1]以及1996年发布的《学习：财富蕴藏其中》（简称《德洛尔报

---

① FAURE E. et al. Learning to be: The world of education today and tomorrow [M]. Paris: UNESCO, 1972.

告》, Delors' Report), [1] 已经成为构建学习型社会（learning society）里程碑式的论著。《富尔报告》指出，教育已经不再是"精英"们的特权，也不能仅仅面向处在"学龄"阶段的青少年，而应该是普遍的、面向大众的和终身的。《德洛尔报告》指出，人人终身学习是社会发展的动力，终身学习应该围绕"四大支柱"——"学会认知、学会做事、学会共处、学会做人"——来展开。

我国自从改革开放起开始关注终身学习、终身教育、学习型社会等问题，党和国家政策法规层面最先倡导、规范、部署的是终身教育，近年来逐渐聚焦于终身学习。《中华人民共和国教育法》规定："国家鼓励发展多种形式的继续教育，使公民接受适当形式的政治、经济、文化、科学、技术、业务等方面的教育，促进不同类型学习成果的互认和衔接，推动全民终身学习。"同时，对"健全终身教育体系"，"为公民接受终身教育创造条件"做出规定，当前，我国正在把全民终身学习理念作为推进教育领域综合改革的一条重要原则，参考借鉴国际社会倡导的共识，构建服务全民终身学习的制度体系，更好满足广大人民群众对灵活多样、有质量的学习需求。

第一节 | 国际社会关于终身学习和学习型社会的探索

一、从国际组织视野看终身学习的属性

20世纪70年代以来，尽管"终身学习"理念越来越流行，但国际

---

① DELORS J. et al. Learning: The treasure within. Report to UNESCO of the International Commission on Education for the Twenty-First Century [M] . Paris: UNESCO, 1996.

社会对这一理念涵盖的范围有各种不同的理解，有的国家把终身学习局限在成人教育范围，甚至有的国家把终身学习看成正规院校教育体系以外的学习，给国际上的政策对话带来了很大的困难。联合国教科文组织2011年修订的《国际教育标准分类》（ISCED-2011）将"教育活动"（educational activities）定义为"有意识的活动，涉及某种形式的交流，旨在引发学习"，且把"学习"（learning）定义为"个人通过经历、实践、修习和听讲而在信息、知识、理解力、态度、价值观、技艺、能力或者行为方面的获取或改变"。这些定义对"教育"和"学习"本质和内在关系的界定，以及"学习"概念的宽泛，有助于明晰"终身学习"的基本含义。

从本质上讲，终身学习强调学习和生活的一体化，就是所谓"学习即生活""生活即学习"。从纵向来看，学习贯穿人的生命过程的各个阶段（儿童、青少年和成年人），即所谓的"从摇篮到坟墓"；从横向来看，学习贯穿在生活的方方面面，学习发生在人们一生中所处的各种环境情境，包括家庭、社区、院校、工作场所及休闲娱乐场所等，即所谓的"处处留心皆学问"。也就是说，终身学习囊括发生在人们各种生活环境中的所有学习活动，包括正规教育、非正规教育、非正式学习和无一定形式学习（也称顺带学习或无约束学习）。①

---

① 按照联合国教科文组织《国际教育标准分类》（ISCED-2011）的界定，正规教育（formal education）是指通过公共组织和被认可私人团体进行的制度化、有目的、有计划的教育，其总和构成一个国家的正规教育系统。非正规教育（non-formal education）是指通过教育提供者进行的制度化、有目的、有计划的教育。非正规教育的突出特点是在个人一生学习的进程中对正规教育的补充、替代和/或完善。非正式学习（informal learning）是指有意的或慎重的但不是制度化的学习形式，因而缺乏像正规或非正规教育那样的组织性和系统性。顺带学习或无约束学习（incidental or random learning）是指可能是日常活动的副（转下页）

终身学习关注传统教育观念创新，包括从"教育"到"学习"的转变，从以教师中心到以学习者中心的转变，以及从知识和特定技能的获得向个人创造潜力的发掘和培养的转变，特别使学习者具备分析自身周围环境和对生活做出知情选择的能力，提倡养成核心能力（如创新思维、解决问题、批判性思考、与他人合作和参与决策）。另外，终身学习还关注学习是所有人的权利，而不是少数阶层的特权。联合国教科文组织2013年再次提出推进"全民终身学习"（lifelong learning for all），意味着必须保障全体公民享有平等的学习机会，尤其对于有困难或特殊需要的群体，要提供特别关注和支持，从而促进社会公平与和谐。

进入21世纪以来，部分国际组织愈发倾向以终身学习覆盖终身教育，在正式文本和报告中，前者词频远高于后者。在正规教育制度化运行的同时，弥散泛在以及自助互助式的学习需求日益旺盛，教育与学习相关服务，借助互联网等信息化手段有了迅速拓展，教育与学习行为，从受供给侧资源约束，逐渐转向由需求方自主选择，因此，"终身学习"比"终身教育"更能体现学习型社会的本质属性。

二、制定推动全民终身学习法规和政策

近年来，部分国家通过立法和制定政策，把全民终身学习作为推进经济社会发展的重要手段。日本1990年制定了《终身学习振兴法》，韩国1999年制定了《终身教育法案》（2007年修订），丹麦、土耳其、

（接上页）产品，抑或其他没按照慎重的教育或学习活动而设计的事件或交流的附带结果。ISCED-2011统计指标对正规与非正规教育做出明显区分，但未包括非正式学习和顺带学习或无约束学习。

爱沙尼亚及津巴布韦等国也出台了国家推进终身学习的战略文本。联合国教科文组织终身学习研究所2013年的《第二个全球成人学习与教育报告》列出了2008—2012年出台国家级终身学习立法或政策措施的11个国家。[①]越南2013年出台了《建设学习型社会政策框架（2012—2020）》。

《第二个全球成人学习与教育报告》还提供了对联合国教科文组织成员国的问卷调查结果：在110个回答了"是否具有终身学习国家立法或政策措施"问题的国家中，大部分（87%）表示有旨在推进终身学习的国家级的法规或政策措施。比例最高的地区在欧洲和北美（95%），其次是拉丁美洲和加勒比地区（89%）以及非洲（89%），再次是阿拉伯国家（80%）和亚太地区（73%）。上述数据看上去比较乐观，但是深入分析表明，一些国家的法规和政策措施并没有明确提及终身学习或者没有体现终身学习的理念，有的国家仅仅把正规教育作为推进终身学习的载体，有的国家则集中把非正规的成人或继续教育或职业培训领域的政策措施列为终身学习的范畴，还有的国家简单地把成人教育政策视作终身学习政策。尽管各国在终身学习理念的研究推广和政策制定上的差别依然很大，但终身学习已经逐步从理念层面传递并呈现到立法和政策的制定和实施层面。

构建终身学习体系，不仅涉及全体人民具有学习机会、实现公平享有学习机会的普遍权利，而且对传统的教育教学观念和制度性权力

---

① UNESCO Institute for Lifelong Learning. Second Global Report on Adult Learning and Education (GRALE 2)［EB/OL］.（2015-11）［2022-01-23］. https://uil. unesco.org/adult-education/global-report/second-global-report-adult-learning-and-education-grale-2.

提出挑战。要保证全民终身学习成为现实，需要教育部门进行全面改革，转变教育机构的职能以适应终身学习需要。除此以外，由于终身学习体系具有全面性、兼容性及完整性，这个体系的建立涉及政府部门、行业企业、社区机构、非政府组织等，社会各界在发展终身学习体系发挥着重要作用，这就要求在利益相关群体之间建立有效的合作机制，以协调社会各界共同规划和促进全民终身学习。因此，终身学习政策需要首先取得广泛的社会认同以及法律保障。建议我国加快制定《全民终身学习促进法》。各省、自治区、直辖市也应借鉴福建省和上海市的做法，从本地实际情况出发，制定终身学习地方性法规政策。

对于终身学习的财政投入，是国家终身学习政策的重要组成部分。考虑到终身学习在提高个人能力和社会凝聚力、促进经济发展和文化繁荣、可持续发展中的重要作用，我国应当把终身学习经费投入看作回报丰厚的投资。在经费使用中，需要特别注意学习应该贯穿人的终生这一原则，教育体系的各个组成部分和所有学习形式都应该相对均衡，根据实际情况配置必要的财政投入。此外，应该将社会、人口和经济因素结合起来考虑，把更多资金投向弱势群体，为他们提供优质的学习机会，促进社会公平。

三、认可认证非正规和无一定形式学习成果

终身学习涵盖正规学习、非正规学习和无一定形式的学习，在建立终身学习体系和学习型社会中，我们不仅要认可正规学习的成果，而且要认可非正规的和无一定形式的学习的成果。但是，各国现行的学历、学位以及国家资格体系往往重视正规学习的成果，而忽视非正规学习和无一定形式学习的成果。由于人们一生大部分的知识和能力

实际上是通过非正规的和无一定形式的渠道获得的，因此我们更应该关注对非正规的学习和无一定形式的学习的成果的认可。欧洲职业培训发展中心的实证研究表明，人们的学习大多数是无一定形式的，是在日常生活和工作中进行一点一滴进行的，如在各种家庭活动、与其他人相处、休闲活动、工作场所互动中进行学习。有的专家认为，在日常生活和工作中，无一定形式学习比正规学习更为重要，因为无一定形式学习的成果往往直接影响着人们的行为。①

目前，国际社会在促进对非正规学习和无一定形式的学习的成果认证方面，面临以下多个方面的机遇：一是越来越多的国家接受了终身学习这一理念并逐步重视非正规学习和无一定形式的学习；二是以能力为本位的学习成果评价方法越来越得到普遍采用；三是越来越多的高等教育机构接受学习成果，并按适当的当量对学分进行转换；四是越来越多的行业协会和工商企业参与标准的制定和评价过程；五是国际劳工组织一个研究报告表明，世界上已经有100多个国家已经建立或正在建立一定意义上的国家资格体系，对于各种学习成果认证提供了条件。②

2012年，联合国教科文组织制定了《关于非正规和无一定形式学习的认可、核定与认证的指导意见》，明确提出了六条重要指导原则。一是确保学习者在获得学习的机会中的公平性和包容性。每一个人都

---

① NYHAN, B. Chapter 1: Building learning regions for innovation in Europe: a challenge for education and training [M] // GUSTAVSEN B, NYHAN B and ENNALS R. Eds. Learning together for local innovation: promoting learning regions. Thessaloniki: CEDEFOP, 2007.

② ALLAIS, S. The implementation and impact of National Qualifications Frameworks: Report of a study in 16 countries [M]. Geneva: International Labour Office, 2010.

应该有机会开展任何形式的、适合个人需要的学习的权利，并使他们的学习成果得到认可和呈现。二是促进正规、非正规和无一定形式学习的成果获得同等的价值。人们通过非正规和无一定形式学习积累的能力应该与那些通过正规学习获得的相提并论、平等对待。三是确保学习者在学习成果的认可、核定与认证过程中的主体地位。整个认证的过程应尊重和反映学习者的需要，同时确保他们在各个环节上的参与是在自愿的基础上。四是提高正规教育和培训的灵活性、开放性。教育和培训体系应充分考虑到学习者的需要和经验，采用灵活多样的教学模式。五是促进学习成果认可、核定与认证过程的质量保证。至关重要的是，要确保评估和核证非正规和无一定形式学习成果的标准和程序适切、可靠、公平和透明。六是加强所有利益攸关方之间的合作伙伴关系。应该强调他们在学习成果的认可、核定与认证体系的设计、实施和效果评价中的共同责任。①

　　除联合国教科文组织外，经济合作发展组织、欧盟、国际劳工组织等也在各种学习成果的认可、核定与认证中发挥了积极作用。2012年12月，欧盟理事会专门通过了《关于核认非正规和无一定形式学习的建议》。从总体上看，越来越多的国家把非正规和无一定形式学习的认可、核定和认证作为国家终身学习政策的有机组成部分，并从促进社会公平的角度出发，对缺少正规教育机会的社会不利人群给予更多关注，提供更多的支持。还有的地区和国家建立学历学位和资格证书全面融通的国家资格框架，建立连接各种学习途径的"立交桥"，促进

---

① UNESCO Institute for Lifelong Learning (UIL). UNESCO guidelines on the recognition, validation and accreditation (RVA) of the outcomes of non-formal and informal learning ［M］. Hamburg: UIL, 2012.

建立真正意义上的终身学习体系。

发展终身学习、激励学习者，需要一个以学习成果为基准的资质框架或体系以及一个对非正规、无一定形式学习的成果的统一认证机制。建议我国参照《联合国教科文组织关于非正规学习和无一定形式学习成果的认可、核定及认证的指导意见》，并借鉴一些国家的做法，在现有的学习学位授予体系以及职业资格认证体系的基础上，总结一些地方政府近年来采取的诸如建设"学分银行""学分互认"的做法，制定出一套富有活力的、全面的，包括非正规和无一定形式学习在内的学习成果认证体系。

四、加快运用和创新现代学习技术

现代信息通信技术（ICTs），特别是互联网，开辟了终身学习新的可能性。信息通信技术不仅能够拓宽远程教育和学习的获得途径，灵活地提供个性化的学习机会，实现随时随地学习，也能够通过分享优质资源和方法，支持情境学习，提高教育和学习的质量，提供实时反馈及评估，有可能消除教育中的不平等（特别是与弱势群体有关的不平等）。信息通信技术同时能够促进成本效益最大化，并为教师职业发展和更有效的教育教学管理以及行政管理做出贡献。

随着现代信息通信技术的发展，国际上能够利用现代学习技术的人数迅速增长。现在看来，现代信息技术发展的速度比预想的更快，面对新冠肺炎疫情的冲击，许多国家的教育信息化数字化步伐呈现出加快的态势。2012年6月，联合国教科文组织、英联邦学习共同体在巴黎召开了"世界开放教育资源大会"，各国教育部部长和专家学者共同探讨继续深化并加速教育和学习变革。大会通过的《2012巴黎开放

教育资源宣言》，建议各国尽其所能，在其职权范围内：提高对开放式
教育资源的认识，促进对开放式教育资源的利用；为使用信息与传播
技术创造有利环境；进一步制定有关开放式教育资源的战略和政策；
促进对开放式许可授权的了解和应用；支持能力建设，促进优质学习
材料的可持续开发；促进形成开放式教育资源的战略联盟；鼓励用各
种语言开发和改编以各种文化为背景的开放式教育资源；鼓励对开放
式教育资源开展研究；便利开放式教育资源的搜索、获取和共享；鼓
励对利用政府资金开发的教育材料实行开放式许可授权。

　　世纪之交，网络教育逐渐成为传统远程教育（如广播电视教
育）的升级版，受到教育界、企业及社会各界的关注。麻省理工学
院（MIT）2001年首次在网络上免费开放几乎所有课程，开启了"开
放式教育资源"（OER）的序幕，即以各种媒介（数字化或其他形式）
为载体的教与学材料和研究材料，在公有领域以开放式许可授权的形
式提供，允许免费获取、使用、改编和重新发表。无论是发达国家
还是发展中国家，越来越多的学习者能够免费享用"大型开放式网络
课程"（Massive Open Online Course，缩写为MOOC），并可以随时随
地按照自己节奏学习。同时，出现了面向特定学习群体需求、部分付
费的"小规模限制性在线课程"（Small Private Online Course，缩写为
SPOC）。同期兴起一批非营利性及营利性的在线教育机构，为学习者
创设比正规学校系统更为灵活多样的进修深造机会。

　　如今，越来越多的证据表明，无处不在的移动通信设备，特别是
移动电话及近来兴起的平板电脑，已成为世界各地求学者获取信息、
简化管理及促进学习的创新方式。确信移动通信技术能够给不同背景
的求学者带来更丰富多样的受教育机会，联合国教科文组织2013年专

门制定了《移动学习指导原则》，旨在帮助政策制定者更好地了解何谓移动学习及如何利用其独特优势推动全民终身学习的进程，并鼓励政策制定者采纳这些原则并做必要调整，以体现当地特殊需求及实际情况。在伊朗，通过电子学习（e-learning）大学、智能学校和农村信息通信技术中心的实施，扩大信息和通信技术在教育和学习中的应用，提高了教育教学质量。在印度和巴基斯坦，地方政府利用手机教学进行扫盲。在肯尼亚、乌干达、加纳等国，数字化图书馆项目提高了学习者的阅读积极性和学习效果。

近年来，人工智能与网络技术链接开始介入教育与学习领域：对先发国家来说，可能面临继续保持领跑优势的问题；对后发国家而言，则需要寻找"弯道超车"的可能机会。有些国际组织敏锐地感受到这一新浪潮将为教育与学习带来的挑战与机遇。如联合国教科文组织和布罗孚图卢（ProFuturo）基金会2019年发布的报告《教育中的人工智能：挑战与机遇》，认为人工智能技术能够支持包容和无处不在的学习访问，有助于确保提供公平包容性教育机会，促进个性化学习并提升学习成果。然而，需要直面三个问题：一是双教师模式、支持个性化学习与协作学习；二是人工智能能力、驱动未来工作与技能变革；三是可持续发展、教育面临人工智能新的挑战。[①]与此相关，部分国家开始研究超级教室、液态学习（liquid learning）等试验，促进线上线下学习行为的有机结合。关于液态学习模式，西班牙IE大学液态学习中心主席尼克·范·达姆（Nick van Dam）的定义是，一种协作、主动、个性化和实用的

---

① 联合国教科文组织发布人工智能的教育报告［R/OL］.（2019-05-15）［2022-12-13］. https://www.sohu.com/a/314266921_781358.

方法，有助于培养未来工作所需的技能，[①]用以探索重塑教育与学习体系的有效路径。有关游戏化学习（learn through play）相关平台的开发和市场化运作也方兴未艾。例如，挪威卡霍特（Kahoot!）公司[②]、印度游戏化测验创建平台公司Quizizz[③]均开发从基础教育（K12）到技术职业教育与培训（TVET）的问答（Q&A）游戏及多样化测验的平台，尤其是面对新冠肺炎疫情挑战，这些平台的用户规模迅速扩大，成为跨国教育与学习服务市场新的增长点。

五、推进学习型城市和学习型社区发展

与终身学习密切相关的概念是学习型社会，因为只有人人能够学习的社会才能成为学习型社会。"学习型社会"这一概念可以适用于不同的地理区域，国际社会近年来重点关注的是城市，因为城市越来越成为实现人的全面发展和社会价值的主要区域。联合国人口基金会分析指出，从原则上来说，要想解决社会问题和环境问题，城市能够提供比农村更为合适的条件。城市能够提供更多的工作机会和更高的收入。由于城市的规模优势，在管理良好的情况下，城市能够更有效地提供受教育的机会、医疗保健和其他服务。此外，城市还能够动员社会各个阶层，特别是女性积极参与；城市生活能够缓解人口增加对自

---

① 液态学习：疫情如何重塑大学教育［EB/OL］.（2021-06-25）［2022-12-01］. https://baijiahao.baidu.com/s?id=1703526609476588136&wfr=spider&for=pc.

② 挪威Kahoot!公司2013年成立，2021年上市，目前平台有1亿款自创游戏，活跃用户超13亿，涵盖近200个国家和地区的一半左右的K12学生。2022年第一季度总付费订阅量达117万，营收3400万美元。参见https://new.qq.com/omn/20211109/20211109A0DYV500.html.

③ 印度游戏化测验创建平台公司Quizizz于2016年成立，现有平台测试游戏超2000万个，拥有120多个国家的教师用户，其中美国80%的K12学校使用该平台，公司估值3亿美元。参见https://new.qq.com/rain/a/20210312A0BHJQ00.

然栖息地和生物多样化带来的压力。2008年，全世界一半以上的人口生活在城市和城镇。发达国家的人口增长趋缓，几乎所有人口增长将出现在发展中国家城市区域。联合国人口基金会预测，2030年城市人口将由2009年的34亿增长到50亿，主要增长区域为非洲和亚洲。①

在构建学习型社会的过程中，国家政府部门需要发挥重要作用来制定总体目标和愿景，但是具体贯彻执行的是地区、城市和社区。国家是由不同地区、不同城市和不同社区组成的。因此，一个国家学习型社会的建立，通常采用自下而上的方法，即通过每个城市和社区的参与来构建全国的学习型社会。据不完全统计，世界上有超过1000个城市已经成为或承诺要建设学习型、教育型城市。建设学习型城市不再是欧美发达国家的"专利"，韩国已经建立了100多个学习型城市，一些发展中国家，如墨西哥、巴西、南非、越南，也加入推进学习型城市建设行列，表明建设学习型城市愈加获得重视，成为促进全民终身学习的有效推进机制。②

2013年10月，联合国教科文组织在北京召开"首届国际学习型城市大会"，来自102个国家的500多名代表探讨了学习型城市相关概念，分析了学习型城市建设的组成部分，讨论了学习型城市建设的主要策略。会议通过的《建设学习型城市北京宣言》认为，建设学习型城市是一个持续不断的过程，并且在一般城市和学习型城市之间也没有明确的界限。衡量一个城市为是否为学习型城市，更重要的是看这个城市做出了什么样的努力。为了使建设学习型城市不是一个抽象概念，

① UNFPA. State of World Population ［R/OL］.（2010-10-20）［2021-12-25］. https://www.un.org/unispal/document/auto-insert-199126/.
② 杨进，张行才，冯佳，牛阿娜. 国际社会构建学习型城市 推进终身学习策略综述［J］. 天津电大学报，2012，16（02）：7-14.

而是一系列具体政策措施，大会还通过了《学习型城市关键特征》，在建设现代化的学习型城市的广泛效益、学习型城市的构建模块和建设学习型城市的基本条件等三个领域，列出42个关键特征和60个衡量指标，为各国城市提供了具体思路，也为各城市之间进行比较和互相学习提供了框架。[①]2013年年底，联合国教科文组织将上述两个会议成果文件正式提供给195个成员国的政府。

2015年9月，联合国教科文组织第二届国际学习型城市大会在墨西哥城举行。来自联合国教科文组织76个成员的300多名代表出席会议。大会通过的《建设学习型城市墨西哥城声明》，希望以首届会议的《建设学习型城市北京宣言》和《学习型城市关键特征》为基础，各国政府完善相关法律架构，促进全民学习、终身学习，支持学习型城市的发展，各城市制定切实可行的落实方案和措施，各组织、部门之间发挥联动作用，私营企业与民间团体应积极参与，帮助改善教育质量，提供更多教育机会，营造良好学习氛围。该声明希望联合国教科文组织不断扩大学习型城市全球网络，确保该网络多样性和包容性，同时设立联合国教科文组织学习型城市双年奖。

2017年9月，第三届国际学习型城市大会在爱尔兰科克市举行，会议以"全球目标，地方行动：迈向2030年全民终身学习"为主题，汇聚80多个国家的700多位国家政府代表、国际组织代表、非政府组织代表、城市管理者以及终身学习和城市发展领域的专家。会议呼吁

---

① UNESCO Institute for Lifelong Learning. Conference Report: International Conference on Learning Cities［R/OL］.（2014-03）［2021-10-23］. https://uil.unesco.org/lifelong-learning/learning-cities/conference-report-international-conference-learning-cities-beijing.

各国政府把教育和终身学习作为可持续发展的基础，并将全球目标纳入地方和社区中，最大限度地发挥城市和社区在改善公民的生活、生计和福祉的作用。

第二节 ｜ 立足国际国内两个大局建设学习型社会

在知识经济时代，科学创新、技术变革大大提升了学习内容的变动速率，学习者原有的知识储备需要得到及时调整。同时，经济全球化程度的不断加深以及我国经济新常态下的产业转型升级，也对从业者的知识储备和能力素质有了更高的要求。基于科技和产业两方面的经济社会环境，全民终身学习的社会要求与个人需求开始愈发旺盛和迫切。[①]改革开放以来，特别是党的十八大以来，我国进入全面构建终身学习体系和建设学习型社会的新阶段，传统的成人教育逐渐融入由高等继续教育、职业培训和社会教育为主要领域的新型继续教育体系中，我国终身学习体系朝着更加多元、更加开放、更加灵活、更加包容、更加完善的方向深入发展，向建成学习型社会的战略目标迈出了坚实的步伐。[②]

站在新时代新征程上，立足我国社会主义初级阶段基本国情，构建能有效满足全民终身学习需求、有利于全民终身学习的制度体系，其中的关键环节是加强"教育制度综合创新"。进一步整合资源，建立

[①] 史秋衡，张妍. 中国终身学习话语体系的嬗变与重构［J］. 教育研究，2021，42（09）：93-103.
[②] 韩民. 我国终身学习体系形成发展的回顾与前瞻［J］. 终身教育研究，2019，30（01）：11-18.

以"大学分类联盟""学分银行"为纽带之一的终身学习立交桥，并注重构建阶梯型提升体系与老年大学体系；注重建立终身学习资源平台和保障体系，推进管理制度信息化水准，打造中国特色在线学习与课程资源体系；从培养具有全球视野人才的视角推进学分及学历互认质量，持续推进全球范围产教融合提升终身学习质量，并建立符合国际标准的终身学习质量评估制度。

一、从基本国情出发建立健全国家终身学习体系

　　党的十八大以来，以习近平同志为核心的党中央更加高度重视终身学习体系和学习型社会的建设。习近平总书记在联合国"教育第一"全球倡议行动一周年纪念活动上明确指出，中国将坚定实施科教兴国战略，始终把教育摆在优先发展的战略位置，不断扩大投入，努力发展全民教育、终身教育，建设学习型社会，努力让每个孩子享有受教育的机会，努力让13亿人民享有更好更公平的教育，获得发展自身、奉献社会、造福人民的能力。并强调构建衔接沟通各级各类教育、认可多种学习成果的终身学习立交桥，围绕完善全民终身学习推进机制，构建方式更加灵活、资源更加丰富、学习更加便捷的终身学习体系，相继提出新的更高要求。党的十八届三中、五中全会文件要求拓宽和畅通终身学习通道，党的十九大报告首次强调网络教育，在不同教育阶段都运用广义网络方式，协调虚拟网络与实体平台的运作，加快学习型社会建设步伐。党的十九届四中、五中全会文件对终身学习和学习型社会建设又接续做出明确部署。

　　特别是党中央、国务院印发的《中国教育现代化2035》，围绕构建

服务全民的终身学习体系，确定了战略目标和总体步骤，要求到2035年构建更加开放畅通的人才成长通道，完善招生入学、弹性学习及继续教育制度，畅通转换渠道。建立全民终身学习的制度环境，建立国家资历框架，建立跨部门跨行业的工作机制和专业化支持体系。建立健全国家学分银行制度和学习成果认证制度。强化职业学校和高等学校的继续教育与社会培训服务功能，开展多类型多形式的职工继续教育。扩大社区教育资源供给，加快发展城乡社区老年教育，推动各类学习型组织建设。

为此，今后相当一个时期，需要从横纵两个方面、多个维度来构建国家终身学习体系，将职前教育与职后教育衔接贯通，将不同类型和层次的教育衔接贯通，建立以"大学联盟""学分银行"为纽带之一的终身学习立交桥，推进阶梯型提升体系和老年大学体系的完善，努力让公平而有质量的教育与学习覆盖人的一生，更加充分展现中国特色社会主义教育制度的巨大优越性和强大生命力。

1. 建立以"大学联盟""学分银行"为纽带之一的终身学习立交桥

按照国民经济和社会发展"十四五"规划和2035年远景目标纲要的要求，发挥在线教育优势，完善终身学习体系，建设学习型社会。推进高水平大学开放教育资源，完善注册学习和弹性学习制度，畅通不同类型学习成果的互认和转换渠道。其中，将不同类型和层次的教育衔接贯通，建立以"大学联盟"和"学分银行"为纽带之一的终身学习立交桥，是当前需要着力推进的基础性工作。

一是探索建立多类型、多形式的大学合作联盟，支撑高质量终身学习平台，注重省域及区域内大学类型体系的协调互动。当前，探索高校分类体系，建立一流的高等教育体系已成为推进我国高等教育内涵发展的重要内容。一流高等教育体系的建立及一流终身学习体系的延伸必须依靠不同类型大学的互助及联盟的建立。在政府顶层制度设计的基础上，整合不同类型大学的教育资源，与社会教育智库及第三方评估机构等进行联动，建立多类型、多形式具备职前教育与终身学习功能的大学联盟，从而满足个体差异化的职业发展需求，满足经济社会多样性的人才需求。同时，注重探索省域及区域内不同类型高校的联盟与协调互动。我国各省域经济发展水平以及高等教育发展情况差异巨大，因此不同省域内高校联盟，既有助于形成合力联动产业与经济发展，也有助于满足个体终身学习的需求及职业发展的需要。同时，值得提出的是，我国当前确立了众多的区域性模块，区域内的协调发展成为经济发展的重要内容之一，区域内的高校探索联盟与协调也应是终身学习体系的重要内容。

二是建立"学分银行"为纽带之一的终身学习立交桥。"学分银行"的主要内容为累积学分，它突破传统的专业限制和学习时段限制，将技能培训与学历教育结合起来。"学分银行"制度将学生完成学业的时间从固定学习制改变为弹性学习制。根据"学分银行"制度，学生只要学完一门课就计一定的学分，参加技能培训、考证也计学分，然后按全部应得学分累积；同时，允许学生不按常规的学期时间进行学习，而是像银行存款零存整取一样，学习时间可集中，也可中断，即使隔了几年，曾有的学习经历仍可折合成学分，存于"学分银行"。学习成果认证、积累与转换制度，即"学分银行"制度，是对学习者的各类学习成果进行统一核算的新型教育管理制度，为学习者或学习成果携带者提供获取学历教育证书、职业资格证书和岗位技能培训证书的新渠道，提供自学成才的新途径，提供获得评价和鼓励的新形式。①学习成果认证、积累与转换制度是构建终身学习体系和学习型社会的重要支撑和纽带，是教育制度创新的关键突破口和核心着力点。

面向全民终身学习需求，需要实现不同类型学习成果的互认和衔接，搭建终身学习"立交桥"，关键环节是实现学分互认，"学分银行"是学分互认的重要纽带和途径。根据党和国家的部署，2012—2019年，教育部委托国家开放大学开展了继续教育学分银行研究与实践项目，取得初步成效。上海市在21世纪初先行成人教育学分银行试点的基础上，在2012年成立终身教育学分银行，委托上海开放大学具体运行。江苏省2013年制定实施了《江苏省终身教育学分银行管理办法（试行）》。这些探索实践为建立学分认定积累转换制度、实现学习成果互认衔接积累了经验。从国务院行政部门职能分工来看，教育部对普通学历教育学分银行制度负主要责任，人力资源和社会保障部对国家资历框架负主要责任，两部共同负责职业技术技能教育培训的学分银行制度，将逐渐形成学历文凭、职业资格、职称、职业技能相对接，有利于全民终身学习和谋生发展的制度框架。

2. 推进阶梯型提升体系和老年大学体系的完善

注重职后人员的终身学习，搭建阶梯型的职后教育体系，并完善老年大学体系将是构建我国终身学习体系的重要内容。

关于推进阶梯型提升体系建设，不论是从社会的发展速度及社会的需求来看，还是从个体的职业发展及终身学习要求来看，或是从发达国家几十年来的实践经验来看，建构方便在职人员阶段学习的阶梯

---

① 鄢小平. 我国学分银行制度的模式选择和架构设计［J］. 远程教育，2015，33（01）：30-38.

型教育体系势在必行，这也将是我国终身学习体系的重要内容。在职人员在不断地寻求机会，探索新的学习机会。特别是在当今人工智能迅速发展的时代，个体必须通过不断学习来提升自身对机器的比较优势，并适应新的产业和新职业的需求。从而，各大学应该在其办学和发展理念中融入终身学习的思想，设计并推出各种适应在职人员提升的课程计划和学习方案，形成阶梯形的、体系化的提升体系。这应该成为我国终身学习体系构建的重要内容。

发展老年教育，推进老年大学体系建设，已经成为推进国家终身学习体系的重要内容。《国家教育事业发展"十二五"规划纲要》要求"办好老年大学"，"扩大覆盖面"。《国家教育事业发展"十三五"规划》进一步强调，持续开展"全民终身学习活动周"，倡导全民阅读。推进老年教育机构逐步纳入地方公共服务体系，完善老年人学习服务体系，办好老年大学，有效扩大老年教育资源供给。老年大学既是一种教育活动，也是一种对老年人的人文关怀。一方面，老年教育是社会发展与进步以及全面建成小康社会的重要内容；另一方面，老年教育要能够满足老年人精神和文化生活的需求，真正让老年人幸福地安度晚年。在具体办学活动中，既要注重老年大学的组织架构与制度建设，更为重要的是，要注重老年大学的课程建设。在课程的建设过程中，要注重老年大学的课程体系的专业和学科规划设计的科学化，要根据老年人的身体特点及生活特点，探索科学的课程体系；在老年大学课程的建设中，既要注重老年群体个性化精神文化的需求，又要关注一般的、共同的老年群体的精神文化需求，课程设计及选择应有较强的自由度；此外，老年大学课程要注重特色，包括不同区域老年大学课程的差异与特色，而且不同的老年大学应注重校本课程开发，适应本区域老年人需求。

二、探索建立健全终身学习资源平台和保障体系

当代社会的网络教育，是将现代信息技术应用于教育和学习模式，运用网络技术与环境，诸如互联网、移动通信、电视等介质开展教与学活动，形成服务全民终身学习的学习型社会的重要技术基础。习近平总书记在向国际人工智能与教育大会致贺信中明确指出，中国高度重视人工智能对教育的深刻影响，积极推动人工智能和教育深度融合，促进教育变革创新，充分发挥人工智能优势，加快发展伴随每个人一生的教育、平等面向每个人的教育、适合每个人的教育、更加开放灵活的教育。习近平总书记这一重要论述，阐明了中国开发利用人工智能的总体思路，被纳入党的十九届四中全会文件的整体部署之中，为发挥网络教育和人工智能优势、创新教育和学习方式、建设符合基本国情的学习型社会定了基调。当前，迫切需要从信息化管理制度、在线学习与课程资源体系的建立以及国际化的终身学习质量评估制度的建立等方面，探索建立终身学习资源平台和保障体系。

1. 促进信息化管理制度的完善

信息化是当今世界发展的大趋势，信息技术对教育发展具有革命性影响。[1]信息技术构建的虚拟世界，即时与非即时互动系统，以及远程交流功能，都极大地拓展了终身学习空间。因此，构建有利于全民终身学习的制度体系需要不断提高教育信息化水平，重点是建立信息化管理制度，主要包括引入CIO（Chief Information Officer的缩写）体

---

[1]　陈琳. 中国高校教育信息化发展战略与路径选择［J］. 教育研究，2012，33（04）：50-56.

制，建立信息化绩效评估制度等。

一要注重在管理中引入CIO体制。CIO，可译为信息主管或信息总监，是指负责处理与组织中的信息技术和系统相关的各方面事务的高级管理人员。[①]它是信息化发展的产物，源于行政管理，盛行于企业管理。CIO体制则是基于CIO职位的针对组织内信息技术和系统之全面管理的一系列制度安排的总和。[②]将CIO体制引入终身学习的教育制度体系构建中，是当前教育管理制度的一个创新。

当前全民终身学习的信息化发展过程中缺乏对信息的整合，都是较为零散的信息碎片，而没有形成有序的信息团块。引入CIO体制将有助于对信息进行整合归纳，学习或教育信息将可以全面系统地被呈现给学习者，从而有助于学习者系统全面地掌握知识脉络。同时，引入CIO机制有助于打破各教育部门之间的信息壁垒，可以保障教育信息的流动顺畅，促进教育管理水平以及效率的有效提高。在引入CIO体制过程中，需要重点解决好两个问题：一是教育理念方面的配合；二是CIO的遴选问题。具体而言，一方面，需要高度重视教育信息化对全民终身学习的重要推动作用，从国家战略上对其予以充分认可和支持；另一方面，要逐步完善CIO的选拔、培养体系，该人员不仅需要具备信息技术基础设施管理的专业知识，还应具备能准确捕捉终身学习或终身教育发展趋势的能力，并且要善于同相关部门人员进行交流协作等。

---

① 李逢庆，桑新民. 高校信息化建设中的CIO角色研究及启示 [J]. 复旦教育论坛，2009（01）：25-29.
② 刘晓敏，陈爱琴. 高校信息化进程中的大学CIO体制建设研究 [J]. 开放教育研究，2005（02）：42-47.

二要建立信息化绩效评估制度。教育信息化绩效评估是依据教育信息化目标或绩效标准，采用定量和定性相结合的思路，运用信息技术等手段采用科学合理的绩效评估方法，对区域或机构的教育信息化实施过程、目标完成情况、实施效益等给予评价。[①]2014年出台的《教育管理信息化建设与应用指南》明确提出"支持推动教育评估评价的科学化、多样化和模式创新"。教育信息化绩效评估是教育信息化发展到一定阶段的产物，教育信息化绩效评估制度的建立既符合教育信息化的发展趋势，又有助于满足全民终身学习的需求。

教育信息化绩效评估制度的建立原则应遵循科学性、可操作性、可延续性等。科学性是指信息化绩效评估制度既要符合终身学习或终身教育的内在发展规律，又要遵循信息化及信息技术的内在发展规律。可操作性和可延续性是指制度需能够有效实施并具有较为持久的生命力。在教育信息化绩效评估制度的确立过程中，需要重视对绩效评估标准、方法、实施过程等方面的规定。比如：绩效评估标准应更侧重于对教育信息化水平满足全民终身学习需求程度的评估；加强对绩效评估方法的创新，鼓励评估方法的多元化；在绩效评估实施过程中要加强监管，可采用全民性社会监督形式，更有助于完善满足全民终身学习需求的制度供给水平等。同时，信息化绩效评估制度也要符合"应用为驱动""技术与教学深入融合""优质教育资源立德树人"等终身学习或终身教育的发展要求。

2. 打造中国特色在线学习与课程资源体系

在线课程体系既是教育信息化的重要体现，同时也是教育终身

---

① 卢春，尉小荣，吴砥. 教育信息化绩效评估研究综述［J］. 中国电化教育，2015（11）：62-69.

化的重要支撑。要统筹高校办学资源、企业大学办学资源以及各种在线教育培训企业的办学资源等多种资源，构建中国特色的在线课程体系。

2015年，为积极顺应世界范围内大规模在线开放课程发展新趋势，教育部出台《关于加强高等学校在线开放课程建设应用与管理的意见》，以借鉴国际先进经验，发挥我国高等教育教学传统优势，推动我国大规模在线开放课程建设走上"高校主体、政府支持、社会参与"的积极、健康、创新、可持续的中国特色良性发展道路。在教育部的积极引导下，高水平大学率先开展大规模在线开放课程建设，更多高校积极参与探索和创新适合我国国情的多种类型在线开放课程应用，"爱课程网"的"中国大学慕课"、清华大学"学堂在线"、上海交通大学"好大学在线"以及多个高校、互联网企业开发的各种类型大规模在线开放课程平台纷纷上线。这些平台有的是初步的课堂搬家，有的已开始有效利用信息化特性。截至2022年2月底，我国上线慕课数量超过5.25万门，注册用户达3.7亿，已有超过3.3亿人次在校大学生获得慕课学分，慕课数量和应用规模世界第一。①

在高校在线课程建设的基础上，要注重整合企业大学及专业培训机构的在线课程。从20世纪90年代初开始，众多知名企业开始着手构建自己的企业大学，企业大学建设呈现出新的发展态势。截至2011年年底，中国已建成的企业大学超过400所（其中，外企在华创建的企业大学超过80所，中国本土企业大学超过320所，这些企业内设"大学"基本上提供的是非学历的应用技术技能培训项

---

① 闫伊乔.我国接受高等教育人口达2.4亿［N］.人民日报，2022-05-21（001）.

目，适应从业人员在职在岗学习进修的多样化需求），如果加上其他一些未在统计之内的企业大学，估计国内已有超过1000所企业大学。众多的企业大学设立有各种形式的课程，包括在线课程等。此外，一些专业教育及课程企业也在探索在线课程体系。以中国高校在线课程体系构建为主体，整合企业"大学"及在线教育企业等多种在线课程资源，建立中国特色的在线课程体系，将是当前调动社会积极性、借助线上下相结合的信息化手段、推进终身学习体系建设的重要途径之一。

三、建立培养具有全球视野人才的终身学习制度

从培养具有全球视野人才的视角推进全球范围内学分及学历互认质量，持续推进全球范围内的产教深度融合来提升我国终身学习质量，增强教育服务国家对外开放战略能力。[1]

1. 积极推进国际学分与学历互认体系建设

推进全球范围内的学分与学历互认，既是高等教育国际化的重要内容，更是促进我国培养具有全球视野人才持续学习、终身学习的重要平台。要紧密依托中国与有关国家教育战略合作框架推进学分与学历互认，同时以"一带一路"建设以及"金砖国家"战略合作框架为依托，扩大高等教育学历学位互认覆盖面，积极推进国际学分与学历互认体系建设，为培养具有全球胜任力的顶级人才搭建全球的终身学习平台，近年来已经呈现出一些良好态势。2014年"深圳国际友好城市大学联盟"吸收了包括中国在内的全球13个国

---

[1] 史秋衡，杨玉婷. 中国教育2035深化改革要义［R］// 上海市教育综合改革专家咨询委员会秘书处. 教育决策参考，2017（466）.

家的27所高校共同参与，在合作联盟的框架下，探讨不同学校之间的学分与学历互认是重要的合作内容。2015年，中国、俄罗斯、巴西、南非、印度"金砖国家大学联盟"在北京师范大学成立，并达成《北京共识》。在此合作框架下，金砖国家开展广泛的合作和交流：共同搭建人才培养和交流的平台，开展金砖国家大学间教师互派、学生互换、学分互认和学位互授等，组织实施本科、硕士、博士等各阶段人才的联合培养，共同搭建科研创新平台，开展双边或多边科研合作，联合开展与人类发展和全球治理密切相关的重大问题的研究。

2. 持续推进全球范围内的产教深度融合

以项目为依托，持续推进全球范围内的产教深度融合，从而提升终身学习质量。随着社会问题逐步复杂化，跨学科、跨领域开展产教以成为培养人才的重要形式，也应成为提升终身学习质量的重要内容。以项目为载体，开展跨国产教合作项目，在全球视野中将产教融合起来，实现人才培养、科学研究以及产业发展的联动共进，可以考虑重点围绕"一带一路"及"金砖国家"等合作战略框架，打破过去仅依靠自身力量，仅依靠高校或仅依靠企业而开展科学研究和项目开展的传统做法，加强国际交流与合作，在合作交流中提升终身学习质量。注重建设学术研究交流平台、产业技术研发平台等，在此基础上进一步拓宽科研合作的国际视野，推动沿线国家的重点高校、科研机构、大型企业开展跨国科研项目合作，保证教育对外开放政策真正地体现学术导向与国家发展目标的统一。通过合理配置不同学科领域的人力、物力及财力资源，打通学校、政府、市场间的联系，为破解国家在发展过程中遇到的一系列科学技术创新难题做出贡献，在解决国家，乃至全球重大难题的过程中培养人才，提升终身学习质量。

3. 建立接轨国际标准的终身学习质量评估制度

国际化的终身学习质量标准，是我国终身学习制度体系走向国际化舞台的关键门槛。因此，提升终身学习的教育国际化水平的重要内容，是构建接轨国际标准的终身学习质量标准和评估管理制度。接轨国际标准的终身学习质量评估制度的构建，需要加强我国终身学习质量标准与国际终身学习质量标准的互融互通，同时主动学习借鉴国际上先进的终身学习质量评估体系，并积极争取在国际机构中制定国际终身学习质量体系的话语权。当前，国际上通常以"是否满足学生各种需求"作为衡量终身学习质量的重要标准，主要凭借"学生满意度"等指标开展终身学习的质量评估工作。因此，我国的终身学习质量标准也应以满足学生需求程度为导向，从而调整课程专业体系设置，推动与国际标准相接轨的终身学习课程建设。同时，需要遵循国际认可的终身学习质量评估体系，采用直接评估和间接评估相结合的评估方法，将全民对终身学习成果的实际运用能力以及满意程度等作为终身学习质量评估的基本依据和根本出发点。并且，我国需在国际终身学习质量体系构建中发出自己的声音，将我国的终身学习质量标准和评估管理模式渗透于国际话语体系中，形成中国终身学习质量制度的国际标准。借鉴芬兰建立国家终身学习理事会、韩国建立国家终身学习研究院的做法，建议我国设立国家级终身学习研究咨询机构，协调和指导各地区各院校研究力量，加强对完善终身学习体系的理论问题和实践模式的研究。

第六章　全面深化教育领域综合改革的初步思考

百年风云激荡，奋斗铸就辉煌。党的十九届六中全会通过的《中共中央关于党的百年奋斗重大成就和历史经验的决议》（简称《决议》），全面总结了党领导人民创造的新民主主义革命、社会主义革命和建设、改革开放和社会主义现代化建设、开创中国特色社会主义新时代的伟大成就，深刻阐释了党百年奋斗的历史意义，系统概括了党百年奋斗的历史经验，明确强调了新时代党领导人民实现第二个百年奋斗目标的伟大梦想和使命担当，是具有根本性和长远指导意义的纲领性文献、政治宣言和行动指南。《决议》将"坚持理论创新"和"坚持开拓创新"作为党领导人民奋斗百年的重要历史经验，为新时代全面深化教育领域综合改革提供了重要原则。[①]

创新是国家和民族发展进步的不竭动力，中国共产党成立百年来，领导全国各族人民披荆斩棘、上下求索、奋力开拓，迎来中华民族从站起来、富起来到强起来的伟大飞跃，百年党和人民教育事业风雨兼程，锐意进取，书写了民族振兴的宏伟历史篇章。革命战争时期，无论是干部军队政治文化教育，还是工农群众扫盲，都因地制宜产生了丰富的创新经验。新中国成立以来，特别是改革开放以来，教育系统的体制改革和教学创新不断深化，为形成中国特色社会主义教育制度

---

① 张力. 从党的百年奋斗历史经验看人民教育千秋基业［N］. 中国教育报，2021-11-25（07）.

体系提供了重要支持。党的十八大以来，以习近平同志为核心的党中央坚持把开拓创新精神融入全面深化改革和治国理政各个方面，在诸多领域实现了整体性、重塑性、重构性、转折性的制度创新和体制改革，教育领域综合改革全面推进，有力促进教育事业的可持续发展，中国特色社会主义教育制度体系的主体框架必将在开拓创新中继续健全。

第一节 ｜ 从现在到2035年教育现代化和教育强国建设的展望

一、过去半个世纪全球性教育与学习变革与中国教育现代化实践

综观半个世纪以来全球范围关于教育与学习的变革探索，对中国教育现代化产生了较大的影响。20世纪最后三个十年，世界上发生了与教育和学习相关的三次革命性变化，恰好是每十年一次。进入21世纪前两个十年，国际社会又在形成对教育和学习第四、第五次革命性变化的认同。目前的学习型社会建设，不再局限于正规学校学历教育，也不仅服务于青少年儿童，其宏观背景复杂多变，不同发展水平国家或地区的政策选择和实践路径呈现很大差异。[①]在前面有关章节已经述介不少有关国外教育的历史、现状与未来走势，以下再做一概要综述。

1. 20世纪70年代，终身学习理念的提出，深刻改变了对教育和学习本质性特征的认识

当今社会，人们谋生所需要的技能知识，并非一次性学校学历教育所能完成的。以1972年联合国教科文组织的报告《学会生存——教育世界的今天和明天》为标志，开展多次性、个性化的终身学习（或

---

① 张力. 创新教育和学习方式 开启建设学习型社会新征程［N］. 中国教育报，2020-02-27（006）.

终身教育），建设学习型社会，逐渐成为各国政府的决策理念和广泛的
社会共识。近20年来，经济合作发展组织的教育政策分析报告，主题
之一就是观察和分析各成员国终身学习领域的政策动向和实际成效。

**2．20世纪80年代，新信息通信技术革命的兴起，对教育和学习
技术手段的影响持续深远**

新信息通信技术的迅速发展，特别是互联网的推展，为数字化学
习开辟了新空间。发达国家把信息化手段尽可能自然地融入教育教学
过程，发展中国家则从发挥一般远程教育手段，包括广播电视的作用
做起。新信息通信技术普遍被引入教育教学过程，正在对学习型社会
建设产生持续的影响，各国都在探索多样化的教育和学习信息化路径。

**3．20世纪90年代，世界贸易组织的特别约定，对教育和学习支
付方式产生重要影响**

世界贸易组织规定，教育服务属于《服务贸易总协定》12类中的
第5类，除由各成员政府彻底资助的教育活动外，凡收取学费、带有
商业性质的教学活动均属于教育服务贸易范畴，分为跨境交付、境外
消费、商业存在、自然人流动等提供方式，分别涉及远程教育、留学
生、合作办学和外国教师。约有1/3的成员国（包括中国）签订了教育
服务贸易减让表，多为发达国家。这意味着，政府包办的福利性教育，
部分已变成学习者交费选择的服务贸易，各国争夺留学生的格局即是
明证。

**4．21世纪第一个十年以来，以可持续发展为导向启动教育和学
习发展模式的革新**

世纪之交，联合国千年发展目标和可持续发展十年规划关注教育
与可持续发展。2015年，联合国《2030年可持续发展议程》的17个可

持续发展目标及169个子目标中，第四项目标是确保包容和公平的优质教育，让全民终身享有学习机会，有7个子目标。从世纪之交迄今，以可持续发展为导向，教育和学习发展模式的变革正在进行中。

5. 21世纪第二个十年至今，网络与人工智能开始重塑教育和学习的环境与业态

以互联网、大数据、云计算、人工智能等为标志的新一轮科技革命和产业革命正在全球范围兴起，人工智能正在成为"超级风口"，与网络契合介入教育和学习领域，所产生的影响势必非常深刻。据联合国教科文组织报告引用的预测研究，2017—2021年，人工智能市场将增长50%；2021年前，数字教育市场将每年增长5%。教育和学习的环境与生态将面临重塑的可能。

如果说在1978年党的十一届三中全会以前，我国教育对世界第一次革命性变化未能足够重视，那么改革开放以来，特别是党的十八大以来，我国教育对全球范围内后面的四次革命性变化都日益重视，40多年来的教育改革开放，就是不断参考国外教育创新动态、借鉴"他山之石"为我所用。在中国共产党领导人民成功走出中国式现代化道路、创造了人类文明新形态的历史进程中，我国教育事业在"面向现代化、面向世界、面向未来"的方针指引下，立足基本国情，拓宽国际视野，顺应时代潮流，回应人民要求，取得了令世人瞩目的历史性成就，在教育和学习的思想理念、技术手段、支付方式、发展模式、业态重塑等领域的变革，收获了十分丰富的中国经验，尤其是在进入21世纪前两个十年的可持续发展模式、网络与人工智能重塑业态方面，中国教育现代化的决策果断、行动迅速、成效渐显，很快接近世界教育变革的前沿位置，不仅为2035年我国总体实现教育现代化、建成教

育强国准备了基本条件，而且将为与人类文明进步相关的教育发展不断贡献中国智慧。

二、建设高质量教育体系是"十四五"时期和更长阶段的主攻方向

站在两个一百年历史交汇点上，以习近平同志为核心的党中央对加快教育现代化、建设教育强国做出了新的重大决策和部署，特别是2020年党的十九届五中全会审议通过的关于"十四五"规划和2035年远景目标的建议，确定了"十四五"时期和更长阶段提高人民思想道德素质、科学文化素质和身心健康素质的总体要求，提纲挈领、纲举目张，把建设高质量教育体系作为主攻方向，在战略和规划层面上的重点，将集中在以下几个方面：①

第一，建设高质量教育体系，将是各级党委政府、教育系统和社会各界的共同长期任务。

必须全面加强党对教育工作的领导，全面贯彻党的教育方针，落实立德树人根本任务，加强师德师风建设，培养德智体美劳全面发展的社会主义建设者和接班人，促进人的全面发展。归根结底，就是坚定社会主义办学方向，始终不渝把坚守为党育人、为国育才摆在教育工作的首要位置。

第二，努力办好人民满意的教育，就是满足14亿多中国人日益增长的美好生活需要。

必须坚持以人民为中心的发展思想，健全学校家庭社会协同育人

---

① 张力.锚定全民素质明显提高　建设高质量教育体系［N］.中国教育报，2020-12-28（001）.张力.建设高质量教育体系（新论）——"十四五"时期促进人的全面发展①［N］.人民日报，2021-04-21（010）.

机制，将全面提升师生的素质素养能力提到重要议事日程上来，并非教育系统单兵作战，而是需要学校、家庭、社会各界进一步通力合作，树立正确的教育质量观，在建立全员、全程、全方位育人机制上，凝聚更大合力，取得实际成效。

第三，全面深化教育领域综合改革，就是要坚持教育公益性原则，促进教育公平。

必须明确重点，在义务教育阶段均衡发展和城乡一体化并行推进，有条件的地方可以走得更快，办好老百姓家门口每一所公办校，提高民族地区教育质量和水平，加大国家通用语言文字推广力度。同时，要完善普惠性学前教育、面向残疾孩子的特殊教育、教育矫治严重不良行为未成年人的专门教育等方面的保障机制，支持和规范民办教育发展，规范校外培训机构，努力让每个孩子都能享有公平而有质量的教育，为逐步实现全体人民共同富裕打下更好的基础。

第四，搭建职普融通、服务终身学习的立交桥，就是适应人力资源深度开发的需要。

必须更加重视加大人力资本投入的重要作用，普通高中和中等职业学校进入多样化发展的新阶段，提高基础教育质量与增强职业技术教育适应性相辅相成，从高中阶段到高等教育，乃至研究生阶段，都将优化职普分流、深化职普融通，与继续教育环节相衔接，发挥在线教育优势，为建设符合基本国情的终身学习体系和学习型社会营造有利的制度环境。

第五，加强创新型、应用型、复合型、技能型人才培养，就是对标坚持新发展理念、构建新发展格局。

职业技术教育领域要健全终身职业技能培训制度，探索中国特色学徒制，大力培养技术技能人才，高等教育领域要提高质量，实现内涵式发展，基于不同定位分类建设一流大学和一流学科，加快培养理工农医类专业紧缺人才，推进产学研协同创新、深度融合，乃至一体化，全面参与国家创新驱动发展战略，为构建新发展格局提供多方位的人才资源支持和科技创新贡献。

三、2035年我国总体实现教育现代化和建成教育强国的宏伟前景

第一个百年岁月沧桑、风云激荡。第二个百年征帆高举、砥砺前行。综观党领导的人民教育事业，新时代新征途新步伐，归根到底，必将锚定实现中华民族伟大复兴中国梦的目标，一如既往、一脉相承、一以贯之，以求真务实的精神强基固本，以超前部署的锐气勇攀高峰，以开拓进取的雄心再创辉煌。以习近平同志为核心的党中央所谋划的中长期教育战略目标，为全党全社会展现了人民教育事业千秋基业的宏伟蓝图，将从现在到2035年接续推进落实。

《中国教育现代化2035》提出，到2035年，总体实现教育现代化，迈入教育强国行列，推动我国成为学习大国、人力资源强国和人才强国，为到本世纪中叶建成富强民主文明和谐美丽的社会主义现代化强国奠定坚实基础。2035年主要发展目标是：建成服务全民终身学习的现代教育体系，普及有质量的学前教育，实现优质均衡的义务教育，全面普及高中阶段教育，职业教育服务能力显著提升，高等教育竞争力明显提升，残疾儿童少年享有适合的教育，形成全社会共同参与的教育治理新格局。《中国教育现代化2035》与以往的教育中长期规划相比，时间跨度更长，重在目标导向，对标新时代中国特色社会主义建设总体战略安排，从"两个一百年"奋斗目标和国家现代化全局出发，

在总结改革开放以来，特别是党的十八大以来教育改革发展成就和经验基础上，面向未来描绘教育发展图景，系统勾画了我国教育现代化的战略愿景，明确教育现代化的战略目标、战略任务和实施路径。

深入领会党中央、国务院关于2035年我国总体实现教育现代化、建成教育强国的总体部署和基本要求，预计未来教育现代化的基本格局将由三大板块构成。

第一大板块，建成服务全民终身学习的现代教育体系。

实现各级各类教育纵向衔接、横向沟通，基础教育、职业教育、高等教育和继续教育协调发展，学历教育和非学历教育、职前教育和职后教育、线上学习和线下学习相互融合，学校教育与社会教育、家庭教育密切配合、良性互动，形成网络化、数字化、个性化、终身化的教育体系，"人人皆学、处处能学、时时可学"的学习型社会"四梁八柱"更加稳固，使新时代中国人的教育与学习更有质量、更加公平、更为有用、更可持续。

第二大板块，筑牢人一生中系统化的学习阶段基础。

从学前教育到高等教育阶段多方位细化部署，切实提高教育质量，在实现九年义务教育从均衡发展到城乡一体化、全面普及学前教育和高中阶段教育的基础上，职业技术教育与培训体系进一步完善，高等教育普及程度和质量水平迈上新的台阶，涵盖国民教育体系各个关键领域，切实让"幼有所育、学有所教"相关国家基本公共服务制度体系惠及亿万人民群众，为不断提高人民思想道德素质、科学文化素质和身心健康素质奠定了坚实的基础。①

---

① 张力. 城乡一体化发展是义务教育均衡发展的更高要求［J］. 中国教育学刊，2017（12）：3-5.

第三大板块，形成全社会共同参与的教育治理新格局。

以全面深化教育领域综合改革为根本动力，完善政府、学校、社会之间新型关系，更好汇聚学校、家庭家长、社区社会、职场、网络、媒体等各方协同育人的合力，形成覆盖全学段、体现世界先进水平、符合不同层次类型教育特点的质量标准和评价体系，教育管理制度更加系统完备、科学规范、运行有效，社会依法共建共治的教育治理体制机制更为到位，以教育治理现代化支持教育现代化，再以教育现代化更好支撑国家现代化。

根据党的十九大报告和历届中央全会文件，尤其是党的二十大报告以及党中央、国务院的《中国教育现代化2035》，从现在起到2035年，我国将逐步实现学前教育普惠健康发展，义务教育优质均衡发展和城乡一体化，高中阶段学校多样化有特色，职业教育增强适应性，高等教育内涵式发展，继续教育灵活多样，特殊教育普惠发展、融合教育、医教结合，在全面普及高中阶段教育的基础上，沿着"统筹职业教育、高等教育、继续教育协同创新，推进职普融通、产教融合、科教融汇"的方向，为建设全民终身学习的学习型社会、学习型大国不断开创新的局面。这些重要政策导向将成为不同层次类型教育事业相互贯通、协调推进的主旋律，也为全面深化教育领域综合改革定下了重要基调。[①]

---

① 张力. 如何理解2035年教育现代化目标［N］. 光明日报，2019-03-19（13）.
张力. 试论"十四五"教育规划的基本方位和主要思路［J］. 宁波大学学报（教育科学版），2020，42（04）：9-13.

第二节 | 全面深化教育领域综合改革的重要意义和推进重点

一、全面深化教育领域综合改革是推进教育治理现代化的必然要求

按照确定的"四个全面"战略布局，完善和发展中国特色社会主义制度，推进国家治理体系和治理能力现代化，是全面深化改革、全面依法治国的共同总目标。党的十九大报告进一步强调，全面深化改革的总目标，就是完善和发展中国特色社会主义制度，推进国家治理体系和治理能力现代化，构建系统完备、科学规范、运行有效的制度体系。党的十九届三中、四中、五中全会对这一战略重点相继进行了具体部署，对于教育领域综合改革不断深化正在发挥极为重要的指导作用。①

教育领域治理现代化是国家治理体系和治理能力现代化的重要组成部分。推进教育治理的现代化，要求继续深化教育领域综合改革，要求不断完善中国特色社会主义教育制度，加快形成适应人的全面发展和社会发展需要的育人模式、办学机制和管理体制。

推进教育领域治理现代化、深化教育综合改革呼唤加强教育法治。习近平总书记强调指出，改革和法治如鸟之两翼、车之两轮。党的十八大以来的实践表明，全面深化教育改革和全面依法治教必须相辅相成，坚持教育改革同依法治教依法办学协调推进、相辅相成，坚持重大改革遵循党的路线方针政策，依法依规进行，才能促使教育领域治理现代化迈上新的台阶。党的十八届四中全会所强调的"重大改革

---

① 张力．教育治理体系和治理能力现代化的历史方位［N］．中国教育报，2020-01-06（001）．

要于法有据"的重要性和必要性正在日益凸显，实践证明行之有效的改革需要及时上升为法律；实践条件还不成熟、需要先行先试的，要按照法定程序做出授权；对不适应改革要求的法律法规，要及时修改和废止。有些改革，特别是涉及存量的改革，仅凭发文件、立专项是不够的，必须多措并举，通过在法治下推进改革，在改革中完善法治，促使教育系统治理步入法治化、规范化、制度化轨道。譬如，近年来我国义务教育从均衡发展到城乡一体化发展的相关制度创新，就是通过强化政府财政保障和相关公共政策的法定责任、加强国家教育督导评估环节，形成了问责各级政府依法保障措施到位的巨大推力，增量与存量改革并举，改革与法治并重，开辟了标本兼治解决教育难点热点问题的新路径。这一思路需要在深化综合改革的实践中继续坚持和不断巩固。①

二、全面深化教育领域综合改革需要顶层设计和基层创新的更好结合

深化教育领域综合改革，往往会牵动教育系统内部外部多方面、深层次利益关系，应以坚忍不拔的毅力推进改革，重点向长期阻碍发展的顽瘴痼疾开刀，让制度更加成熟定型，让治理更有水平，进一步解放和增强教育发展活力，着力办好人民满意的教育，为加快教育现代化、建设教育强国创造更好的制度环境。改革开放以来，特别是党的十八大以来，容易改革的体制机制障碍已经搬掉许多，剩下的大多属于牵涉因素非常复杂的难点问题，但挡在教育发展途中，绕不开躲不过。根据党的十九大精神，全面深化改革的基本要求，就是要在改

---

① 张力. 新时代教育系统提高治理现代化水平的重大部署［J］. 中国教育学刊, 2020（02）：1-3.

革深水区和攻坚期，更加注重改革的系统性、整体性、协同性，加强顶层设计，凝聚各方改革合力，坚决破除一切不合时宜的思想观念和体制机制弊端，突破利益固化的藩篱，吸收人类文明有益成果，充分发挥我国社会主义制度优越性。

新一轮教育改革的显著特征是决策层级上移。如《关于深化考试招生制度改革的实施意见》的出台，就是先经国务院常务会议审议，再报中央全面深化改革领导小组会议和中央政治局会议审议，最后由国务院印发，呈现了顶层设计、全面推进的态势。再如，现代职业教育体系建设、一流大学学科建设、"一揽子"修订教育法律等相关改革事项，也都是先行陆续报中央深改领导小组会议审议，然后经中央政治局审定，再由国务院及有关部委具体实施。显然，这样一来，强化顶层设计、推进教育改革的工作力度，就远远超越了国务院及其部委的层次及范围。党的十九届三中全会通过的《深化党和国家机构改革方案》，确定组建中央教育工作领导小组，作为党中央决策议事协调机构，其主要职责之一是审议教育重大政策和体制改革方案。这一改革决策和推进机制，进一步强化了顶层设计，既有利于更好处理中央和地方、全局与局部关系，从而增强改革的系统性、整体性、协同性，而且有利于使各项改革相互促进、相得益彰，进而形成综合优势和总体效应。

再从基层教育改革来看，各地不断涌现出改革探索的示范样板，积累了许许多多新鲜经验。当改革进入"深水区"，许多地区和学校能够坚持问题导向，注重总结提炼并推广实践证明行之有效的改革经验，为国家层面的宏观决策提供了重要的实践支持。今后，对于重要教育标准制定、重大制度创新的改革事项，需要由国家层面统筹规划、统一实施；对于涉及重点领域和关键环节的教育改革事项，需要在试点基础上逐步推开，动态调整；对于主要涉及局部地区和学校层面的改革事项，需要注重发挥基层积极性主动性，鼓励地方和学校大胆探索，创造性地贯彻执行，加快形成全面推进与重点突破相结合、顶层设计与基层探索相促进、改革创新与法治建设相衔接的新型机制。

三、全面深化教育领域综合改革需要健全政府学校社会之间新型关系

党的十八届三中全会文件明确要求使市场在资源配置中起决定性作用和更好发挥政府作用，在部署深化教育领域综合改革方面，首次提出要实施教育服务业领域有序开放，并明确了深入推进管办评分离的基本导向。十九届三中全会进而强调加强和完善政府经济调节、市场监管、社会管理、公共服务、生态环境保护职能，建设人民满意的服务型政府。这些新部署，对于准确定位教育服务属性和构建政府、学校、社会之间新型关系，都具有十分重要的宏观指导意义。

国内外实践表明，政府、学校、社会关系与教育服务属性界定密切相关。世界银行等国际组织倾向于公共与非公共的"服务两分法"，多数现代国家的制度实践大体如此，[①]而公共教育服务与非公共教育服务也随之切分。我国改革开放以来，随着从计划经济转变为社会主义市场经济体系，由政府财政支持的公共服务和由社会（市场）交易的非公共服务逐渐展开，法律政策同"服务两分法"相适应，形成了全新的格局。然而，部分地区政府在公共服务领域的"缺位"或在非公共服务领域的"越位"，不仅削弱了公共服务的公平性，而且影响了非

---

① 张力.服务属性的分化及公共服务供给［J］.中国机构改革与管理，2015（09）：40-41.

公共服务的有效性，成为深化行政体制改革、转变政府职能、创新服务制度体系的突出问题，①在教育服务领域中也出现类似于"政府失灵"或"市场失灵"的体制机制障碍。

进入21世纪以来，根据党中央的部署，国民经济和社会发展"十五"计划纲要首次确定基本公共服务范畴，"十一五"规划纲要提出"推进基本公共服务均等化"，"十二五"规划纲要界定基本公共教育服务范围，开始涵盖义务教育"两免一补"②、部分中职学生免费和学前教育补助，并要求推进非基本公共服务市场化改革。党的十八大以来，以习近平同志为核心的党中央更加重视包括公共服务体系建设与创新，十八届三中全会文件明确将教育纳入服务业。十八届五中全会文件要求增加公共服务供给，创新公共服务提供方式，鼓励社会力量和民间资本提供多样化教育服务。"十三五"规划纲要在基本公共教育服务项目清单中，对义务教育全面保障、普惠性学前教育资助、中职和普通高中免学费及助学金、个人学习账号和学分累计支出等做出新的拓展。党的十九大报告确定2035年"基本公共服务均等化基本实现"的阶段性目标。十九届三中全会文件要求推动教育等公共服务提供主体多元化、提供方式多样化，并重申推进非基本公共服务市场化改革。十九届四中全会文件要求推进基本公共服务均等化、可及性。根据十九届五中全会的建议，"十四五"规划和2035年远景目标纲要强调加快补齐基本公共服务短板，着力增强非基本公共服务弱项，努力提升公共服务质量和水

①　张力.教育强国战略［M］.北京：学习出版社，海口：海南出版社，2012：246-250.

②　"两免一补"政策，意为义务教育学生免除学杂费，免费提供教科书，对家庭经济困难寄宿生补助生活费。

平。党中央、国务院印发的《中国教育现代化2035》进一步要求2035年实现基本公共教育服务均等化，创新教育服务业态。

以上一系列规划政策实施及后续法律调整，意味着在我国逐渐明确"服务三分法"的总体思路，也就是在非公共服务以外，将公共服务再分为基本和非基本两类，明晰政府在不同属性服务领域中的权责定位，明确公共与非公共服务供给方的行为规则。其总体构架大体归纳如下：一是基本公共服务，作为纯公共产品，具有纯公益性、准公益性、非排他性，多由公共财政全额负担，免费或基本免费提供；二是非基本公共服务，作为准公共产品，具有半公益性、非营利性、部分排他性，由公共财政进行资助、补贴，选择重点购买，保持低收费水平，受益者分担适当成本，鼓励社会资本参与提供服务，或采取政府和社会资本合作（PPP）的方式；三是非公共服务，作为私人产品，具有营利性、排他性，财政不直接介入，由民间资本按市场机制运作，按供需关系收费并自主定价，可有在营利性框架下的多样化选择。①

基于服务属性分类的创新，完善中国特色公共教育服务体系，健全新型教育服务监管制度，推进教育治理方式变革，已经成为关乎教育现代化全局的社会系统工程。从加强普惠性、基础性、兜底性民生建设，促进共同富裕作为服务型政府重要使命出发，按照党中央关于"健全幼有所育、学有所教相关国家基本公共服务制度体系"的整体要求，各级政府需要担负起坚持教育公益性、保障教育公平的法定主责，

---

① "服务三分法"的政策含义及政策要点，可参见全国人民代表大会有关会议通过的"十五（2001—2005年）""十一五（2006—2010年）""十二五（2011—2015年）""十三五（2016—2020年）""十四五（2021—2025年）"时期的五个国民经济和社会发展五年规划纲要的文本。其中，基本公共教育服务的范围和重点以及项目清单，分别参见"十二五"和"十三五"规划纲要。

以义务教育城乡一体化和学生资助体系覆盖全学段为施策重点，统筹公共资源和社会力量，着力补齐教育服务项目清单内短板，缩小区域之间、城乡之间教育服务供给差距，加快形成基本公共教育服务体系的优质均衡格局。同时，政府不可能包揽非基本公共教育服务，必须创新公共教育服务提供方式。各级政府需要持续加大对公办教育服务投入，坚持多渠道筹措社会资源，通过社会力量兴办教育服务的属性来确定支持方式，更多考虑资助不同服务业态，而不限于服务机构，社会服务机构如能提供不同类型的公共教育服务，就可获得差异化的政策优惠及财政补助。

学校及其他教育服务机构一向是终身学习服务体系中的重要环节，两端链接着政府与社会（市场）机制配置的资源，直接面对社会多层次多样化的需求。当前，沿着推动有为政府与有效市场更好结合的方向，我国从慈善、公益性、准公益服务，到半公益、非营利、微利、营利性服务的相关法律法规及政策基本形成体系，从政府到社会的服务供给侧机构趋于齐备，尤其是在教育服务领域，走在大多数发展中国家和部分发达国家前面。在社会需求趋于多样化与供给侧结构性改革的"光谱"上，政府重点保障基本与非基本公共服务资源的公平性、普惠性、均衡性，而市场机制配置的多样性、选择性、竞争性的非公共服务资源日益活跃，加上人工智能的介入，数字化、网络化、智能化社会的教育和学习革新，不仅在于技术手段的改进升级，更将引发服务业态创新和治理方式变革。

从全面提高政府效能的角度来看，法治国家、法治政府、法治社会一体建设持续推进，其中，最关键的是法治政府建设。我国建设法治政府和服务型政府的一致重点，就是以人民群众多样化教育需求为依归，区分教育服务供给侧属性，确定政府、学校、社会等权责边界。只有精准实现政府权责法定，施行清单管理，明晰中央地方各自权责，做到行政行为可预见且能问责，才能依法规范学校办学行为，以章程建设为重点，落实学校办学自主权，完善学校内部治理结构，建立健全现代学校制度；也才能更好发挥社会参与作用，拓展社会资本进入渠道，创新教育服务提供方式，引入"第三方"监督机制，形成政府依法管理、学校依法自主办学、社会各界依法参与和监督的良好格局，提高教育治理体系和治理能力现代化水平。

四、全面深化教育领域综合改革需要重视依托区域教育规划落实机制

运用规划方式集中力量办大事，是中国特色社会主义制度的重要特征，从国家到地方层面的教育规划和政策文件，始终把教育改革摆在重要位置，这已经成为卓有成效的实践经验，可以为教育事业健康发展注入不竭的动力。在新时代新征程上，党的十九届五中全会文件要求，健全规划制定和落实机制。按照本次全会精神，制定国家和地方"十四五"规划纲要和专项规划，形成定位准确、边界清晰、功能互补、统一衔接的国家规划体系。区域教育规划作为国家规划体系中承上启下的枢纽，是统筹协调教育事业发展和综合改革的关键环节，需要切实建立健全以下落实机制。①

一是坚持党把方向、谋大局、定政策、促改革，全面加强地方党委对区域教育规划的领导。

组织党政部门、学校系统、社会各界认真落实习近平总书记关于

---

① 张力."十四五"区域教育规划研制实施要点［N］.中国教育报，2021-03-20（003）.

深刻认识新发展阶段、全面贯彻新发展理念、着力构建新发展格局的总体要求，对标高质量教育体系建设，健全政策协调和工作协同机制，找准区域教育事业发展和综合改革规划新起点，积极用好规划红利，特别是在国家和省部级已设置的教育改革试验区示范区，更要抢抓机遇，用足用好改革的特许政策举措，务求实效，力求取得突破性进展，争取产生可推广的示范经验。

二是坚持系统观念，统筹布局年度计划和中长期规划。

总结以往五年规划期间的成就经验，分析区域教育事业发展和综合改革的环境条件和形势变化，对标从现在起到2035年社会主义现代化建设的总体目标任务，论证区域教育事业发展和综合改革的目标任务和政策措施，加强前瞻性思考、全局性谋划、战略性布局、整体性推进，确保党中央关于教育改革发展的决策部署有效落实到基层单位，落实到年度计划之中，沿着既定目标方向小步子不停顿，滚动向前推进，积小成为大成。

三是坚持目标导向和问题导向相结合，上下贯通和左右协调相衔接。

围绕固根基、扬优势、补短板、强弱项，战略上尽力而为，策略上量力而行，重点安排事关教育事业发展和综合改革必须办且能办好的事情，强化规划执行主责机构与协作单位分工，保证所有项目工程实施条件可靠配套，经论证不宜做或拿不准的项目不纳入规划，日后再据需求和条件适时增补。对可能超出必要支持条件的改革举措，需要坚持因地因时制宜、审慎论证、试点先行，及时研判成效、总结经验、优化步骤。既要克服懒政怠惰、因循守旧的"不作为"，更要避免脱离实际、急于求成的"乱作为"。

四是坚持守正和创新相统一，立足本地需求和供给资源实际。

准确把握改革举措的连续性和与时俱进的关系，对实践证明行之有效并符合国家政策导向的举措要坚持实行，不宜随意另起炉灶。将国家关于改革的"规定动作"精准做到位，符合当地实情的"自选动作"力求有创新，准确研判重大改革事项于法有据的边界条件，基本公共教育服务清单扩展和超越法定权责试点要申请授权，对全国和省部级规划部分指标，不是简单移至地市县级，而要科学遴选健全适于区域教育事业发展和综合改革的指标体系，不断提高数据信度效度，增强规划执行力公信力。

五是坚持发扬民主，开门问策、集思广益，把加强顶层设计和注意问计于民统一起来。

注重提高事业发展和综合改革规划决策的科学化、民主化、法治化水平，事前广泛征询教育系统和社会各界意见建议，并做好事中事后实施监测评估机制准备，重视健全改革决策和执行过程的内部监督、群众监督、舆论监督等制度，充分调动一切积极因素，以全面深化教育领域综合改革为动力，开创教育事业可持续发展新局面，进一步彰显中国特色社会主义教育制度的优势。

第三节 ｜ 全面深化教育领域综合改革与公共教育服务提供方式创新

党的十八届五中全会文件提出，增加公共服务供给。坚持普惠性、保基本、均等化、可持续方向，增强政府职责，提高公共服务共建能力和共享水平。加强义务教育等基本公共服务，努力实现全覆盖，创新公共服务提供方式，能由政府购买服务提供的，政府不再直接承办；能由政府和社会资本合作提供的，广泛吸引社会资本参与。加快社会事业改革。这开辟了公共服务宏观政策的新境界。

　　根据党的十九大报告的全面部署，党的十九届三中全会文件进而强调，健全公共服务体系，推进基本公共服务均等化、普惠化、便捷化，推进城乡区域基本公共服务制度统一，推动教育等公共服务提供主体多元化、提供方式多样化。推进非基本公共服务市场化改革，引入竞争机制，扩大购买服务。《中国教育现代化2035》鼓励民办学校按照非营利性和营利性两种组织属性开展现代学校制度改革创新。2019年国家发展改革委等18部门印发的《加大力度推动社会领域公共服务补短板强弱项提质量　促进形成强大国内市场的行动方案》要求，在推进基本公共服务均等化、普惠化、便捷化的同时，推动非基本公共服务市场化、多元化、优质化。

　　按照党和国家的总体部署和要求，既要扎实筑牢基本公共服务制度建设的基础，也要在非基本公共服务供给方式改革方面迈出新的步伐。在教育领域深化"放管服"行政体制改革，促进管办评分离，需要以服务供给侧主动适应用户多元需求为导向，以深入推进依法治教、依法办学、依法治校为重点，切实健全"政事分开、权责明确、统筹协调、规范有序"的教育管理体制，坚持教育公益性原则，依法保障公共教育服务资源配置公平，全面提高公共教育服务水平，加快缩小区域和城乡差距。考虑到非公共教育服务涉及市场配置资源和资本运作有关体制机制，属于更广义的教育与学习服务领域，本节暂不做具体分析，在某些部分仅扼要提示一下定位关系。

一、全面深化教育领域的管办评分离改革

　　一是明确界定政府治理法定边界，理清教育行政管理职责。

　　坚持教育事权法治化方向，深化行政体制改革，完善教育行政组织和行政程序法律制度，实现机构、职能、权限、程序、责任法定化，从源头上解决教育治理中存在的政府"缺位"、"越位"和"错位"问题。建议比照财政、卫生健康、商务、环保等行政部门干部任职条件，明文规定省市县级教育厅局长任职的专业条件和能力资格，大幅减少无教育系统实际工作经验的非专业教育行政干部比例，通过提升教育治理法治化水平，杜绝决策随意性，减少管理盲目性，取信于民、提振民心。完善不同层级政府教育事权法律制度，强化国家层面宏观管理、制度设定职责和必要的执法权，强化省级层面统筹推进区域内基本公共教育服务均等化职责，强化市县层面的执行职责，确保各项法定职责落到基层、落到实处。深入推进"放管服"改革，在教育系统全面实行权力清单、责任清单、负面清单制度，建立规范精简高效的教育行政审批流程，创新行政管理方式，改进和提升教育管理服务质量。对于清单管理，要与政务公开、财务公开制度相结合，引入第三方论证评估，实施责任倒查制度，率先实行公共财政性教育收支状况公开透明、可查询可追溯机制，建议先期在部分省域启动政府职能再造区试点。同时，全面加强公办教育适应城镇化进程的各项基础性工作，不断完善教育管理信息系统和统计指标体系，显著提高基本数据的信度效度，建立健全基本公共教育服务质量动态监测和面向特殊群体的"教育短板"定向监测评估机制。

　　二是健全学校内部治理结构，确保学校依法自主办学。

　　深化事业单位分类改革，充分尊重教育规律，推动公办学校与政府理顺关系和去行政化，全面确立学校法人主体地位，依法落实学校各项办学自主权，切实保障学校自主、独立、规范办学。建立健全以学校理事会为主要平台的校内外参与监督机制，逐步提高治理效率和服务满意度。在普通高等学校党委领导下的校长负责制和中小学校党组织领导的校长负责制的制度框架内，进一步健全学校内部治理结构。在公办高校强化党委政治领导核心地位的基础上，按照现代大学制度普遍适用的决策权与执行权分离原则，进行改革试点，探索建立由党委书记兼任理事长、各方面代表和社会相关人士共同组成的理事会决策机制，提高"三重一大"制度有关决策的科学化、民主化水平，并继续探索建立符合现代学术组织特性的校长遴选机制。

三是支持和规范民办教育发展，依法依规探索新路。

2015年《教育法》第二次修正，2016年《民办教育促进法》第二次修正，增加支持民办教育持续健康发展相关内容，并对民办教育按照营利性和非营利性分类管理做出法律规定。2016年，国务院出台《关于鼓励社会力量兴办教育促进民办教育健康发展的若干意见》。同年，教育部等五部门发布《民办学校分类登记实施细则》，教育部等三部门发布《营利性民办学校监督管理实施细则》（部分行政规章尚待出台）。2021年，国务院修订了《民办教育促进法实施条例》。上述法律法规和规范性文件均为促进民办教育治理现代化提供了基础依据。民办教育服务提供方可以依法依规，选择参与提供基本或非基本公共教育服务、非公共教育服务等多条路径，既可以非公共教育服务为主业，也可兼顾参与公共教育服务供给。对社会力量和民间资本参与的公共教育服务，公共财政可以购买、资助、补贴，政府也可以委托管理、策划合作办学。在非公共教育服务领域，政府要营造统一开放、竞争有序的法治化市场环境。2020年全国财政性教育经费4.29万亿元，纳入统计报告的非财政教育经费超过1万亿元，[①]若加上非学历培训费用等，应为1.5万亿～2万亿元，这还没有计入与教育与学习相关的服务业市值。非义务教育和非学历培训是多种服务业态并存、融合、竞争的平台，用户需求是所有服务供给模式生存发展的基石。在我国学习型社会的长期建设过程中，社会力量和民间资本需要寻求服务全民终身学习的合法合理站位，不仅服务学龄青少年儿童，而且面向社会成员的广泛学习需求，服务业态可望进入"蓝海"。[②]

四是建立健全教育督导评估机制，真正实现管办评分离。

依据《国家教育督导条例》相关规定，着力完善教育督导制度，建议近期全国至少一半地区建立独立行使督导职能的教育督导机构，2030年覆盖所有省区市。坚持督政与督学并重、监督与指导并重，定期开展教育执法检查活动，督促各级政府全面履行法定教育职责，切实保障教育经费投入，依法维护公办学校、学生、教师、校长权益；健全教育督查问责机制，强化对地方政府落实教育法律法规和政策情况的督导检查，建立督导检查结果公告制度和限期整改制度，并将区域教育改革发展情况，作为考核各级人民政府及其相关部门履行法定职责、改进公共服务的首要内容。同时，在加强国家教育标准体系建

---

① 根据《教育部、国家统计局、财政部关于2020年全国教育经费执行情况统计公告》，2020年全国教育经费总投入为53033.87亿元。其中，国家财政性教育经费42908.15亿元，其余10125.72亿元，分别为民办学校（幼儿园）中举办者投入，境内外社会各界及个人捐赠，学校开展教学科研及辅助活动依法取得经财政部门核准留用资金和从财政专户核拨回资金，包括学费、其他收入等，可视为非财政教育经费。

② 张力. 支持和规范民办教育、合作办学的基本导向［N］. 中国教育报，2020-04-02（006）.

设方面，还要建立统筹协调机制，完善标准动态调整机制，建立标准相关监督机制。①相应地，可采取必要的制度性安排和政策性措施，加快探索独立的第三方教育评估评价制度，建立起由社会专业机构和各方面力量共同参与的教育治理机制，促进政府职能转变，提高教育领域治理体系和治理能力现代化水平。

二、全方位提升公共教育服务供给能力

一是推进城乡基本公共教育服务均等化。

根据"十四五"时期"建设高质量教育体系"的目标，要坚持教育公益性原则，深化教育改革，促进教育公平，推动义务教育均衡发展和城乡一体化，完善普惠性学前教育和特殊教育、专门教育保障机制，鼓励高中阶段学校多样化发展，这是党中央对步入高质量发展阶段的基础教育新格局提出的新的更高要求。②为此，需要加快形成政府主导、覆盖城乡、可持续的基本公共教育服务体系，依法保障财政性教育经费拨付和使用到位，实现基本公共教育服务标准化、均等化、法定化。建议探索将重点领域的基本公共教育服务适时上调为中央事权，对原贫困地区继续加大中央财政转移支付力度，强化省级政府统筹功能，深化区域教育合作和对口支援，切实巩固义务教育普及成果，牢牢抓好控辍保学环节，确保教育脱贫攻坚发挥长效作用。同时，全面巩固义务教育阶段公办学校标准化建设，在县域内遵行城乡义务教

---

① 柳海民，郑星媛.新时代中国教育改革发展新路向［N］.中国教育报，2021-04-01（007）.
② 张力.步入高质量发展阶段的基础教育新格局［N］.中国教育报，2020-11-26（006）.

育一体化改革路径，巩固国家分步消除大班额的政策措施成效，[①]强化公办学校零择校制度，形成公办校不择校、择校到非营利民办校、公民同招的基本格局，深入实施县域城乡公办学校的校长教师刚性轮岗交流制度，并将这一制度逐步从县域拓展到有条件的地级市域。在学前教育领域，鉴于原集中连片特殊困难地区农村一直是全国短板，而且这些地区地方财力薄弱、农民交费上民办园能力较低，建议今后以中央财政投入为主，在原集中连片特殊困难地区率先实现学前三年免费教育，大幅提高上述地区公办幼儿园占比，并辅以相应的奖补配套措施。

二是深化基于学生素质发展的基础教育改革。

坚持以立德树人为导向，始终强调并持续推进素质教育，建立覆盖全国所有学校的学生学业监测制度，使学生、教师、学校及社会有关方面等均可获得有关学校质量和学生学习质量的可比性数据，识别出学习不力的学生和办学不利的学校，采取有针对性的帮扶和改进措施。基于国情实际，2035年前应审慎延长义务教育法定年限和调整基础教育学制，建议加快实施现有九年制义务教育一贯对口招生，并延展为全面推广一贯制学校，其中，小学初中分段学制可由省级人民政府调整确定，尤其是从加强普惠性、基础性、兜底性民生建设出发，在西部部分地区可以扩大实施十二年及以上免费教育范围。[②]全面推行

---

① 国务院要求，省级人民政府要结合本地实际制订消除大班额专项规划，明确工作任务和时间表、路线图，到2018年基本消除66人以上超大班额，到2020年基本消除56人以上大班额。参见《国务院关于统筹推进县域内城乡义务教育一体化改革发展的若干意见》（国发〔2016〕40号）。

② 张力. 延长义务教育年限与扩展免费教育范围的多维度分析〔J〕. 中国教育学刊，2021（05）：37-44.

初中毕业考试和升学考试"两考合一"，逐步将学业水平考试作为检测学生完成初中教育和高中阶段学校招生的主要依据。进一步实行综合素质评价情况与普通高中及高校招生录取挂钩，并将综合素质评价切实运用到高中指标生分配和推荐录取，以及高校自主招生中。以素质教育为根本导向，建立与综合素质评价匹配的学生、教师、学校诚信机制，完善思想品德、学业水平、身心健康、艺术素养、社会实践等评价内容，细化相关教学及考核要求，最大程度减少学生、教师和学校负担。

三是着重补齐儿童早期发展和困难群体教育的短板。

我国儿童早期发展分为0～3岁和3～6岁两大阶段，其中，发展0～3岁婴幼儿早期教育，需要与同一阶段多元多样、覆盖城乡的婴幼儿照护服务体系建设相衔接，以幼儿园和妇幼保健机构为依托，形成面向社区、指导家长的公益性婴幼儿早期教育服务模式，分类探索试点农村儿童早期发展相关基本公共服务制度。对3～6岁儿童，需要持续扩大普惠性学前教育服务资源。重点资助家庭经济困难儿童（含建档立卡家庭儿童、低保家庭儿童、特困救助供养儿童等）、孤儿和残疾儿童。在中西部农村地区加大推展"一村一园"力度，配合国家脱贫攻坚后续政策行动，使"全程干预、全面保障"的0～6岁儿童早期发展体系建设紧紧锁定在原集中连片特殊困难地区。按照国家法规和政策规划的要求，在基本实现市（地）和30万人口以上、残疾儿童少年较多的县（市）都有一所特殊教育学校的基础上，各级各类学校应继续积极创造条件接收残疾人入学，推进适龄残疾儿童少年教育全覆盖，全面推进融合教育，促进医教结合，确保到2030年全国残疾儿童少年享有从义务教育到高中阶段教育的12年免费教育。[①]对家庭经济困难学生将继续健全学生资助体系，持续阻断贫困代际传递，巩固脱贫攻坚成果，完善精准资助体系，确保在各个学段应助尽助，进一步夯实民生保障制度的基石。[②]

四是大力创新职业教育领域人才培养模式。

深入贯彻落实十三届全国人大常委会第三十四次会议2022年修订的《职业教育法》，职业教育必须坚持中国共产党的领导，坚持社会主义办学方向，贯彻国家的教育方针，坚持立德树人、德技并修，坚持产教融合、校企合作，坚持面向市场、促进就业，坚持面向实践、强化能力，坚持面向人人、因材施教。建立健全适应经济社会发展需要，产教深度融合，职业学校教育和职业培训并重，职业教育与普通教育相互融通，不同层次职业教育有效贯通，服务全民终身学习的现代职业教育体系。目前，我国法定的现代职业教育体系涵盖学校学历学位教育和职业技术技能培训，依托国家学分银行制度和国家资历框架制度，与其他类型和层次的教育相互衔接沟通，成为全民终身学习"立交桥"的重要支柱与资源平台，而且，这一体系与国际社会通行的"技术职业教育与培训"（TVET）相呼应，搭建起相互交流对接的通道。为此，必须强化各级政府的主导作用，打破行业分割和部门本位，以培养合格"现代工匠"和增强岗位适应性为目标，全面推广双导师

[①] 2022年，教育部等部门启动《"十四五"特殊教育发展提升行动》，鼓励20万人口以上的县（市、区）在2025年办好一所特殊教育学校，20万人口以下的县（市、区）在九年一贯制学校或寄宿制学校设特教班，压实普通初中小学接收残疾儿童少年随班就读责任，并健全送教上门制度。

[②] 张力.健全幼有所育学有所教等方面国家基本公共服务制度体系［N］.中国教育报，2020-01-15（001）.

（师傅）制，切实推行理实一体、校企合作、工学交替的职业教育育人模式，强化教学、学习、实训相融合的教育教学活动。未来接受职业教育的多数学员，都应当兼有学生学徒双重身份。对与企业行业未能建立有效合作关系的职业院校，实行限期整改，直至关停并转；同时鼓励企业自办职业技术教育培训机构和院校，开展从免费普惠公益服务直到精准定位收费服务，探索形成"高成本分担"连带"高个人收益"的职业技术教育培训项目群，构建为行业企业量身定制高技能专才和大师级专家的模式机制。进一步完善职业资格制度，推进专业设置、专业课程内容与职业标准相衔接。建议重点鼓励并扶持开发可进入产业链的传统工艺手工艺、非物质文化遗产传承等相关高端职业技术教育培训项目。进一步优化对职业技术教育和培训的统筹协调，各级政府不再独立管理职业院校，由学校法人自主运行，凡能提供行业企业所需的公共服务，政府就施行差异化资助补贴和购买服务政策，打造职业技术教育培训服务融合竞争、混业经营平台，使其成为教育新业态中最活跃的领域。[①]在跨区域职业教育协同发展的进程中，既要以国家政策为指导，体现政策执行的纵向顺承，又要立足实际，确定地区间协同推进的政策措施。[②]

　　五是着力推动以质量提升为核心的高等教育内涵式发展。

　　面对高等教育毛入学率进入50%"普及化"阶段的新形势，高等教育内涵式发展成为加快教育现代化的必由之路。在国家政策层面，中等职业教育后的通道已经向上延伸，既有专科高等职业教育，也有

---

① 张力.重新思考职业教育定位［N］.光明日报，2016-03-10（15）.
② 韩琼玉，李孔珍，高向杰.京津冀职业教育协同发展政策文本研究［J］.职业技术教育，2021，42（18）：53-60.

应用技术本科，还有专业型学位硕士、博士研究生，服务全民终身学习的资源平台，尤其是职普融通枢纽环节将逐渐成形。中高等职业技术院校和研究生教育的分类招考扩大了覆盖面，建议允许所有本专科高职院校和一批国家授权的大学可以依法完全自主招生，形成试点经验后再对所有国家承认学历教育资格的本科高校全面放开，逐步做到政府不再分省投放招生指标，但对困难地区困难群体招生的定向倾斜政策措施还要坚持和完善。有条件的高校可试行宽进严出模式，不仅适应应届高中阶段毕业生升学需求，而且容纳不同年龄和职业的从业人员进修深造，准入尺度和运行方式都将形成新的质量执行标准。各级政府要推动高等学校分类定位、办出特色，建立校际协作共同体和联盟，促进院校资源重整、优势互补。[①]继续推动高校优化学科布局结构，实施专项教学改革，进一步凸显教育教学中心地位，在教师工作考核、薪资待遇、职称晋升、评奖评优等方面，切实提高教学和人才培养工作所占的比重，深入巩固人才培养中心地位和本科教育基础地位。[②]同时，健全高校理事会等治理制度，强化与行业企业等社会需求方协商，确定和调整质量标准，形成人才培养动态适应经济社会发展的有效机制，结合完善促进创业带动就业、多渠道灵活就业的保障制度，供需双方将共同认可质量标准的升级版。

六是同步深化产教融合和推进产学研协同创新。

这是推进人力资源供给侧结构性改革的迫切要求，也是创新促进

① 高书国，李捷，石特. 新时代中国高等教育结构调整的战略研究［J］. 高校教育管理，2019，13（03）：1-9.
② 史秋衡，康敏. 深化高等教育综合改革的历史责任与结构设计［J］. 中国高等教育，2018（10）：38-41.

科技成果转化机制、积极发展新动能的有效途径，越来越受到产业企业界、职业技术院校、高等学校、科研机构的高度重视，已经成为当前完善职业技术教育、高等教育、继续教育统筹协调发展机制的重要步骤。在当前企业创新主体和技术创新核心地位更加突出的新形势下，产学研各方不仅可以在协同育人方面取得单方不可能实现的效能，而且可以在研发资源共建共享上发挥倍增效应，促进教育链、人才链与产业链、创新链有机衔接。可以期待，在中央有关部门统筹指导下，各省（自治区、直辖市）紧扣国家和省域的创新驱动发展战略需求，支持企业、科研院所和职校高校共建协同创新平台和联盟，从基础研究、应用基础研究到应用研究，建设产学研协同创新基地，对接成果中试孵化和后续产品化、产业化，寻求跨领域行业协同创新可能，从立足本地到服务周边，乃至辐射到全国及境外。建议以多元主体协同互动为基础，打破行业、领域、地域壁垒，鼓励并支持所有具备条件的高等学校同行业企业、科研院所深度开展协同创新，在政府指导规划框架下完善产学研三方签约机制。建立协同创新联盟或共同体。借助政府和市场两种动力机制，依托区域技术产权交易平台，设置研发资源服务平台，推动高校成立产学研协同创新管理委员会，深入探索多学科融合、多团队合作、多技术集成的"立体式""网络式"合作，加快各类研发创新成果转化为产品及产业链的进程。①

七是加快推进服务全民的终身学习体系建设。

习近平总书记在致国际教育信息化大会的贺信中深刻指出，因应信息技术的发展，推动教育变革和创新，构建网络化、数字化、个性

---

① 张力. 从产学研协同创新到深度融合的趋势分析［N］. 中国教育报，2020-04-16（006）.

化、终身化的教育体系，建设"人人皆学、处处能学、时时可学"的学习型社会，培养大批创新人才，是人类共同面临的重大课题。习近平总书记在2020年9月教育文化卫生体育领域专家代表座谈会上进一步强调，要完善全民终身学习推进机制，构建方式更加灵活、资源更加丰富、学习更加便捷的终身学习体系。终身学习体系是协调发展并有机联系的各级各类教育与学习活动的总和，构建终身学习体系的重要内涵是增强教育与学习活动的终身性、系统性、整体性、协调性、连通性和灵活性。[①]构建终身学习体系是对传统教育体系和制度的革新，需要通过深化教育综合改革，更新教育的理念、制度、内容、方法及治理。一要继续加大强弱项政策力度。在加快发展学前教育，改革学校教育，大力加强继续教育，特别是职业培训、社区教育和老年教育等方面不断健全保障机制。二要促进终身学习的包容性和公平性。更加重视面向农村居民、残疾人、低收入者、老年人等弱势人群的终身学习服务，强化政府在保障这些群体的教育机会公平上依法担负主责。三要加强对终身学习的质量保障。树立终身学习的新质量观，加强对学习者核心素养、能力和技能的培养，特别是学习能力、创新能力和解决问题能力的培养，在学习的有用性和有效性方面更多关注需求方或用户的意愿。四要改善学习成果评价制度。克服教育和人才评价中的"五唯"（唯分数、唯升学、唯文凭、唯论文、唯帽子）倾向，改变单纯以学科质量为本位的评价方式，建立注重教育和学习实际成果的多元评价体系。加快推进基于多元评价的终身学习学分银行和资历框架建设。五要加快终身学习制度建设。建立健全非正规教育、非

① 韩民.终身学习体系概念研究［J］.宁波大学学报（教育科学版），2019，41（06）：42-48.

正式学习成果的认证转换制度，探索建立带薪学习假、教育培训券和个人学习账户等，增强全民终身学习的制度保障。①六要优化终身学习治理机制。针对终身学习治理中存在的"碎片化"、部门分割、统筹不力、社会参与不足等问题，要按照党的十九届四中全会提出的"健全部门协调配合机制"，"推动各方面协调行动、增强合力"的要求，以及《中国教育现代化2035》提出的"更加注重共建共享"等原则，建立党统一领导、政府统筹、部门协调、社会参与的终身学习推进体制，在政府各部门和社会各界之间形成治理合力，促进终身学习的政策统筹和资源共享。要加快国家终身学习相关法律的立法进程，加强终身学习的法制保障和依法治理。②

八是高度重视网络与人工智能重塑教育与学习新业态。

习近平总书记在致国际人工智能与教育大会的贺信中指出，人工智能是引领新一轮科技革命和产业变革的重要驱动力，正深刻改变着人们的生产、生活、学习方式，推动人类社会迎来人机协同、跨界融合、共创分享的智能时代。当今世界，互联网、大数据、云计算、人工智能和区块链等数字化信息化技术对人们的生产方式和生活方式带来重大变革，越来越深刻地影响着人们的思维方式和学习方式，现行教育制度体系面临前所未有的挑战和相应的巨大革新机遇。进入21世纪以来，特别是近十年来，国际社会越来越重视"互联网+"或"人

① 高书国.居家学习的实践探索与变革之道——从大疫到大易 [J].教育科学研究，2020（07）：5-11.
② 韩民.教育现代化与终身学习体系建设 [J].教育与教学研究，2020，34（08）：100-109. 韩民.构建服务全民终身学习的教育体系的内涵与任务 [J].宁波大学学报（教育科学版），2021，43（05）：8-11.

工智能＋"时代重塑教育与学习新业态的重要意义。[①]对我国而言，人工智能技术和模式势必导引教育与学习相关服务资源进入"战国时代"，需要各级政府、教育系统、科研院所、行业企业的通力合作、优势互补，共同发挥网络与人工智能在创新教育和学习方式上的优势。近期人工智能介入教育与学习领域，多见于对既有可迁移性知识的传授与辅助，如人工智能系统为教师配置虚拟教学助理，为教师指导学习过程提供支持。人工智能还可用于学习成果测量和学习者素质评估，诊断学生学习轨迹和长处、弱点，帮助编制学习偏好活动计划。不仅在弹性化、个性化、游戏化学习等方面展现多样化态势，而且在制度化安排的师生关系之外，弥散式、泛在式、自助式、互助式的学习形态，虚拟与现实教育有机融合，催生出"能者为师、愿者为生"的新格局。从中长期目标出发，网络与人工智能深入介入的教育与学习服务一体推进，可为"人人皆学、处处能学、时时可学"的学习型社会提供更为有效的支撑，进而可能转向人类与人工智能系统共商、重构、创新知识结构，达到人类和人工智能系统的共生共存状态。[②]随着国家数字中国战略的深入推进，教育部近期开始大力实施教育数字化战略行动，[③]按照"需求牵引、应用为王、服务至上"的原则，努力抢占未来发展先机，切实以教

---

① 2019年5月16—18日，联合国教科文组织在北京举行国际人工智能与教育大会，邀集50多名政府官员、105个会员国代表及近100名来自联合国机构、学术机构、民间社会和私营部门的代表参会，形成《人工智能与教育北京共识》（Beijing Consensus on Artificial Intelligence and Education），这是该组织为科学运用人工智能技术落实2030年教育议程提供指导与建议的第一份文件。

② 张力. 创新教育和学习方式 开启建设学习型社会新征程［N］. 中国教育报，2020-02-27（006）.

③ 怀进鹏. 使教育成为更好适应、支撑、引领经济社会发展的"快变量"［EB/OL］.（2022-03-01）［2022-03-24］. https://baijiahao.baidu.com/s?id=1726034841554901853&wfr=spider&for=pc.

育信息化推动教育高质量发展。这一行动标志着中国教育的信息化数字化将进入新的发展阶段，根据党的二十大报告首次明确"推进教育数字化，建设全民终身学习的学习型社会、学习型大国"的新部署新要求，教育数字化战略行动将深化教育与学习理念变革，推动高质量教育体系建设，加快教育系统治理现代化，促进教育资源公平配置，在未来相当长时期内作为全局性重大举措，扎实向前推进。[①]

三、多措并举提高公共教育服务资源配置效率

一要积极开展学校办学模式改革。

响应我国对主动参与全球2030年可持续发展议程的政府承诺，[②]加强生态文明与可持续发展教育，鼓励在中小学阶段制定生态文明与可持续发展教育主导的课程体系，着眼于可持续发展素养培养，注重构建以学习者为中心的教学与环境，促进批判性、系统性思维与协作性决策等能力培养，养成可持续生活方式，创建绿色校园，在环境、饮食、垃圾处理、资源利用等校园设施与运行方面成为实现可持续发展的典范。[③]吸收社会力量参与以21世纪能力为导向、有利于增强学生

① 祝智庭，胡姣. 教育数字化转型的本质探析与研究展望［J］. 中国电化教育，2022（04）：1-8+25. 徐晓明. 以数字化提升教育发展质量［N］. 人民日报，2022-04-19（005）. 熊建辉. 善用数字化赋能教育管理转型升级［N］. 中国教育报，2022-04-22（002）.

② 联合国于2015年9月在纽约召开发展问题特别峰会，包括中国在内的全体成员国通过了《2030年可持续发展议程》。议程涵盖了17个可持续发展目标及169个子目标。围绕其中第四项教育领域预期目标，联合国教科文组织在2015年5月《仁川宣言》和11月各国教育部长巴黎联席会议的基础上，推出《2030年教育行动框架》（UNESCO. Education 2030: Incheon Declaration and Framework for Action-Towards inclusive and equitable quality education and lifelong learning for all）。

③ 王咸娟. 第七届北京可持续发展教育国际论坛举办［N］. 中国教师报，2016-11-09（11）.

终身学习能力的中小学课程开发，促进学校课程与经济社会发展有机衔接。探索将部分绩效持续不佳的公办薄弱学校，面向社会进行委托管理，激发办学活力。同时，在农村学校，尤其是教学点上充分利用互联网技术，大力发展在线教学，帮助学生分享优质教育资源，更好促进城乡教育公平。

二要持续探索公办教育多样化运作方式。

在坚持九年义务教育全面纳入公共财政保障范围的基础上，优化基本公共教育服务提供方式。同时，拓宽公共教育服务提供渠道，健全政府购买公共教育服务制度，在学前教育和高中阶段教育秉承公益性导向和普惠性原则，采取特许经营和购买服务等方式，加快基础设施建设，改进服务提供方式，更好满足人民群众接受更多优质公平教育的需要。在职业教育领域继续探索政府与社会资本合作办学模式，发展股份制、混合所有制办学，[①] 允许以资本、知识、技术、管理等要素参与职业教育办学并享有相应权利，调动行业、企业和社会力量广泛参与办学的积极性，形成"多元投入、多方参与"的法人治理结构，增强职业教育的办学活力和发展后劲。在部分地方公办高校开展转制试验，借鉴医卫、文体等系统投融资体制改革经验，允许和鼓励各地从实际出发，选择部分地方公办高校，在确保国有资产保值增值的情况下，积极开展联合办学、委托管理、转制试验等改革，探索多种形式，优化生产要素，激发办学活力，提高办学水平。

三要尝试构建基础教育社区化治理新机制。

鼓励基础教育阶段公办学校面向所在社区，实行开放办学，引导

---

① 董圣足. 教育领域探索"混合所有制"：内涵、样态及策略［J］. 教育发展研究，2016，36（03）：52-56.

和支持教师、学生、家长和社区组织以多种方式参与并支持教育改革发展，尝试建立社会各方面共同参与公办中小学校校务治理的互动机制和良性格局。创新公办学校理事会、家长委员会等组织的工作机制，完善公众参与学校议事、监督和意见反馈等方面的制度建设，强化校务公开制度刚性，增加学校办学透明度，保障受教育者合法权益。探索以重塑学区制度为基础，尝试打造新型学校、家长、社区治理共同体，推广学区委员会治理机制，提升社区参与学校治理程度，鼓励各界各类学校与社区建立互助互利、共同发展的合作关系，将其纳入各级督学重点范围，实现基础教育的社区化治理。同时，鼓励学校和师生积极应对校内及周边社区可持续发展所面临的挑战，并与利益相关者共同寻求解决方案。

中国特色社会主义进入新时代以来，习近平总书记关于全面深化教育领域综合改革的重要论述、党和国家出台实施的关于教育改革发展的系列重要政策举措，为今后相当一个时期教育领域综合改革指明了前进方向，提供了根本遵循。2022年召开的中国共产党第二十次全国代表大会，必将对今后相当一个时期全面深化教育领域综合改革、推动教育事业可持续发展、加快教育现代化和建设教育强国，做出新的重大战略决策和总体部署。站在实现第二个百年奋斗目标的新时代新征程上，立足我国社会主义初级阶段基本国情，我国加快推进教育现代化、建设教育强国，必须继续全面深化教育领域综合改革。我们坚信，新时代党和人民教育事业必将在开拓探索中开创新局、在创新创造中谱写新篇，赢得更加伟大的胜利和荣光。